Sophie Jovillard et Jérôme Pitorin

avec Zahia Hafs

Nos Échappées Belles

Au cœur des plus belles villes d'Europe

CHÊNE

www.editionsduchene.fr

Directrice générale : Fabienne Kriegel
Responsable éditoriale : Valérie Tognali
Assistante éditoriale : Françoise Mathay,
assistée de Marion Dellapina
Directrice artistique : Sabine Houplain
Création et réalisation graphique : SAJE
Lecture-correction : Dorica Lucaci
Fabrication : Marion Lance
Partenariats et ventes directes : Claire Le Cocguen
(clecocguen@hachette-livre.fr)

France Télévisions Distribution
Directeur des Droits Dérivés et Événements : Franck Cymes
Chef de projets d'édition : Karine Hammachi

Bo Travail !
Producteurs délégués : Georges Bonopéra et François Fèvre
Producteur exécutif : Alain Goury
Rédacteur en chef : Olivier Lacaze

Photogravure : Quat'coul
Achevé d'imprimer en France par Pollina - L59148
Dépôt légal : février 2012
ISBN : 978-2-81230-513-9
Nuart : 34 8295 7

Sophie et Jérôme remercient Alain, Olivier et Zahia,
les équipes d'*Échappées Belles*
et toutes les personnes rencontrées dans ce livre.

Voilà déjà 6 ans que je parcours le monde pour mes *Échappées Belles*.
Vous les offrir ici, comme un carnet de voyage, me permet de prolonger l'aventure avec vous. Voici quelques souvenirs, quelques instants partagés, quelques bonnes adresses…
Je veux vous donner envie de voyager tout simplement, par procuration pour certains. Je vous prends dans mon sac à dos toutes les semaines depuis tant d'années ! Je voulais ici poser sur le papier des souvenirs de quelques-unes de mes plus belles destinations en Europe. J'espère que ce n'est que le début de ces recueils de voyage.
Je me souviens de la bonne humeur d'Aurélie à Saint-Pétersbourg qui m'a réchauffé le cœur. De la table de Joseph à Lyon où le mot convivialité prend tout son sens ! Des pavés de Lisbonne qui ont usé mes chaussures. Des nuits madrilènes où le son du flamenco peut vous emmener au bout de la nuit… Tout cela et bien d'autres choses encore, je veux le partager avec vous, amis voyageurs. Nul besoin de carnet de vaccinations, de passeport à jour ou de gestion du décalage horaire pour profiter de *Nos Échappées Belles* en Europe !
J'ai pour habitude de vous souhaiter de faire un « beau voyage » à la fin de chaque émission, j'espère qu'en feuilletant ces pages vous le prolongerez !
Et comme, familièrement, je vous embrasse à chaque fin d'aventure, permettez-moi de vous embrasser très fort !

Amitiés
Sophie

On aime tous faire partager nos souvenirs de voyage à notre entourage.
Les faire s'évader quelques instants à travers nos films, nos récits, nos photos...
Depuis presque 2 ans, j'ai la chance de vous faire vivre mes aventures aux quatre coins du monde. C'est un vrai privilège, un plaisir qui, je l'espère, vous donne le goût de prendre à votre tour le large...
À travers cet ouvrage, je reviens sur mes séjours dans de grandes capitales européennes.
Ces « récits de voyages » retracent mes moments forts avec les autres, leur ville, leur culture. Car pour moi, voyager c'est oser, rencontrer, s'émerveiller...
C'est partir, découvrir, ressentir pour mieux s'enrichir...
C'est vivre des histoires chaque fois différentes. Des aventures qui s'improvisent, loin des sentiers battus. Des instants empreints d'authenticité, voilà ce que je viens chercher. Une expérience qui fait grandir, où défilent des paysages, s'interrogent les langages, se dévoilent des visages et où se crée surtout le partage.
Ces aventures, j'aime vous les raconter, en rapportant dans mes bagages, mes clic-clac par centaines, autant d'émotions, d'images qui prolongent un peu plus le voyage...
Soyez donc les bienvenus dans *Nos Échappées Belles* .

Amitiés
Jérôme

Sophie à LISBONNE

Elle oscille entre le charme désuet de ses vieilles ruelles et le style contemporain de ses nouveaux quartiers. Elle offre ses lumières et ses couleurs, ses rythmes villageois et sa trépidante vie nocturne. Elle se regarde de haut en bas. Dans toute sa splendeur. Lisbonne, vibrante et nostalgique.

Quartier des Docks

Bars et restaurants du quartier des *docas* de Alcantara au bord du Tage, sous le pont du 25-avril.

Pastéis de nata

Spécialités du salon de thé Antiga Confeitaria de Belém.

LES HAUTEURS LISBOÈTES

« Je ressens un réel lien affectif avec Lisbonne. La première destination de mes Échappées Belles. C'est un endroit où l'on peut se dire "Il pourrait m'arriver quelque chose... Je pourrais vivre une tranche de vie ici." »

Dans cette capitale à l'échelle humaine, on éprouve le sentiment d'être à la fois ici et un peu partout dans le monde. À San Francisco avec le pont Vasco de Gama, à Marseille avec ses escaliers et ses couleurs, ou à Rio de Janeiro avec le Christ Roi. C'est là que j'ai commencé ma balade. Il m'a, bien sûr, rappelé le Corcovado de Rio. Une image d'Épinal, même si l'on ne connaît pas le Brésil. Il domine la ville. Lisbonne est perchée sur sept collines escarpées surplombant le Tage. J'ai ensuite continué mon chemin vers le belvédère Santa Lucia, d'où la vue est somptueuse. Au cours de mes pérégrinations sur les hauteurs de la ville, j'ai adoré l'Elevador Santa Justa. Cet ascenseur insolite raconte une histoire. Il est le lien entre le quartier de la Baixa et les autres parties de la ville. Construit en fer forgé par un disciple de Gustave Eiffel et niché au cœur de la ville, il vous emmène à 45 mètres de hauteur. De là, on peut admirer les toits, le fleuve, les ruines d'un couvent... Les funiculaires de couleur jaune d'or permettent également de gravir les pentes un peu raides du centre de la ville. Lisbonne réserve toujours des surprises.

Elevador de Santa Justa

L'ascenseur Santa Justa offre une superbe vue sur le château Saint-Georges, le Rossio, la ville basse, et le Tage.

Christ Roi

Le *Cristo Rei* (Christ Roi) se situe sur une colline face à Lisbonne, à 113 m au-dessus du niveau de la mer.

Pont du 25-avril

Sophie devant le pont du 25-avril enjambant le Tage.

Funiculaires

Les trois derniers funiculaires (Gloria, Bica et Lavra) en état de fonctionnement à Lisbonne sont classés monuments nationaux.

Il suffit de grimper quelque part sur l'une des collines pour avoir l'impression de l'embrasser. Autre panorama somptueux sur la cité, à ne pas manquer, surtout le soir : le château Saint-Georges (Castelo Sao Jorge). Depuis cette ancienne forteresse maure perchée à l'est du centre-ville, le regard plonge sur les ruelles de l'Alfama, Baixa et, bien entendu, sur le Tage. Au cours de ma déambulation dans le Bairro Alto (quartier haut), j'ai découvert un quartier complètement réinvesti par de jeunes créateurs et devenu très prisé. La lumière est particulièrement belle ici. Outre les stylistes de plus en plus connus, les cafés et les restaurants attirent chaque soir une foule de jeunes lisboètes, toujours prêts à faire la fête. Dommage, je dois me lever très tôt chaque matin…

Alfama

Les maisons aux façades patinées, où le linge est toujours suspendu, surplombent les escaliers escarpés du vieux quartier.

IL EST BEAU
MON ALFAMA !

Esther

Joyeuse et espiègle, Esther a passé toute sa vie dans son Alfama. Elle ne quitterait ce quartier pour rien au monde !

« Si l'on a uniquement deux jours à passer à Lisbonne, c'est ici qu'il faut faire ses premiers pas. »

«J'étais la plus belle du quartier ! J'ai même tourné dans des films. Et je vendais des violettes. J'ai tout vendu dans ma vie...» Esther, quel personnage ! Je découvre le quartier de l'Alfama à travers ses yeux. Les façades colorées, le linge aux fenêtres, toujours tiré par un système de poulie, les gamins qui jouent au foot dans les rues, les femmes s'interpellant d'une fenêtre à l'autre... L'Alfama est le cœur battant de la capitale. Son emblème. Ici, tout le monde se connaît. Les mamies, toutes vêtues de noir, me rappellent la Corse ou le Sud de l'Espagne. De façon paradoxale, on ressent ici une atmosphère méditerranéenne. Dans ce dédale de ruelles, où résonnent tant de pas, il est facile de se perdre pour quelques instants. Mais pas besoin de carte, on se retrouve toujours. Si les touristes affluent, l'authenticité reste néanmoins préservée. Mieux : choyée, protégée... Il est rare de réussir un tel défi. Le cœur des villes touristiques se vide souvent de sa population, pour devenir un musée ou un ghetto touristique. Pas ici. La convivialité est réelle. Le tram 28 fait partie du décor depuis plus d'un siècle. Brinquebalant, il serpente sans relâche dans les rues étroites où l'on doit parfois se plaquer contre les portes pour le laisser poursuivre sa route délicieusement chaotique. Ce petit bijou rappelle le plaisir de se déplacer dans la lenteur. Manuel, le conducteur, est fier de

montrer sa ville aux touristes. Il ne se lasse pas de ce même parcours accompli jour après jour. Attraction incontournable, le tram jaune est désormais figuré dans un style naïf sur les azulejos. Un nouveau thème exploité dans de petits ateliers de création. Les azulejos ornent toujours les façades et les fontaines. Il n'est pas rare d'apercevoir une superbe fresque lorsqu'une porte s'entrouvre furtivement sur une cour. Cette culture décorative lisboète reste très importante. Un art traditionnel qui commence dans le foyer, y compris dans les maisons les plus humbles. Ce quartier dégage un charme fou. L'ambiance est rassurante, attachante. Populaire, au meilleur sens du terme. Tout est propice, ici, à tisser des liens entre le passé et le présent. Les ruelles pourraient être perçues comme une sorte de cloisonnement. Mais, en fait, les ouvertures sont omniprésentes, et l'on passe naturellement d'un quartier à l'autre. On flâne dans ce puzzle en toute harmonie. Et, pendant ce temps, Esther négocie ses quelques breloques couchées sur un foulard. Elle clame à qui veut l'entendre sa fierté de vivre dans « son bel Alfama ! ».

Museu Nacional do Azulejo :
4, Rua Madre de Deus
1900-312 Lisboa

AZULEJOS

UN ART EMBLÉMATIQUE

Partie intégrante du patrimoine artisanal portugais, les azulejos s'affichent presque partout dans Lisbonne. Plaques céramiques ornées, dont un des côtés est vitrifié, ils ont embrassé les modes et figuré l'histoire. Au XVIe siècle, le roi Manuel 1er les découvre lors d'un séjour à Grenade. Séduit, il orne son palais de ces carreaux, alors bleus (*azul*) sur fond blanc. À travers les âges, les azulejos passent de formes géométriques au style baroque, et par la suite rococo, avant d'adopter d'autres couleurs. Les magnifiques fresques de l'église jésuite de San Roque en témoignent, ainsi que la brasserie Trinidade, dont l'intérieur est complètement revêtu de céramique du XIXe siècle, période de leur fabrication industrielle. Leur unicité se perd peu à peu avant de réapparaître grâce aux artistes contemporains. Ces derniers ont notamment investi quelques stations de métro superbement décorées.

Manuel
Conducteur du tram depuis des années, Manuel éprouve toujours un vrai plaisir à montrer sa ville aux touristes.

Tram 28
Le tram 28 a été construit en 1914. Il a toujours son allure d'autrefois, avec sa tôle jaune et son intérieur en bois.

LA FILLE DU TAGE

« Transportez-moi dans une ville près de l'eau, et je me sens tout de suite dans mon élément ! C'est fascinant une ville qui s'ouvre sur le large. »

Les Lisboètes surnomment l'estuaire du Tage, la *Mar da palha* (la mer de paille). En fin de journée, le soleil enveloppe le fleuve d'un voile jaune scintillant. Et à quelques kilomètres à peine s'étendent les plages sauvages de l'Atlantique. En haut de ma liste : la plage de Guincho. Ville d'images, Lisbonne le démontre encore, si besoin était, avec le pont Vasco de Gama. Majestueux, aux allures futuristes, il relie la ville à la rive sud. Et, surprise, le long du fleuve, les *docas* (docks) ont été réaménagés. Lorsque l'activité portuaire d'une ville diminue ou se déplace, les docks deviennent généralement des entrepôts fantômes. Lisbonne, une fois de plus, s'est distinguée. Les quais sont bordés de

Monument des Découvertes

Ce monument, haut de 52 m, rassemble les statues des 33 personnalités portugaises qui ont marqué l'âge d'or des découvertes.

Tour de Belém

La tour de Belém, porte symbolique de la ville et l'une des sept merveilles du Portugal, a été édifiée pour marquer l'expédition de Vasco de Gama en Inde.

Docks

Le réaménagement des docks avec l'installation de restaurants et de bars a redonné vie aux rives du Tage.

superbes restaurants et de bars. Un lieu de vie est né dans un endroit qui, à l'origine, n'était pas du tout dédié à la promenade. Elle a suivi l'exemple de San Francisco, de New York ou de Londres, où les docks sont aussi devenus des lieux vivants. Des docks, la balade est très agréable sur les rives du Tage jusqu'au quartier de Belém, l'ancien port de Lisbonne, situé à l'extrémité ouest de la ville. Là où les eaux du fleuve rejoignent l'Atlantique. La fameuse tour de Belém, bel exemple de monument manuélin, était le point de départ des caravelles portugaises. Elle est d'ailleurs ornée de motifs maritimes tels que des cordages en pierre sculptée.

Monastère des Hiéronymites

La veille de leur départ pour l'Inde, en 1497, Vasco de Gama et son équipage sont venus prier dans le monastère des Hiéronymites.

PESSOA

MON NOM EST PERSONNE

Lisbonne était sa maison. Fernando António Nogueira Pessoa, écrivain et poète, n'a pratiquement jamais publié d'ouvrages sous son nom. Il avait recours à une multitude de pseudonymes qu'il appelait ses « hétéronymes », ses mystérieux doubles littéraires. En portugais, *pessoa* signifie « personne ». Au cours de son existence obscure d'employé de bureau, il a enfoui ses écrits dans une malle, dont l'inventaire commença réellement en 1968, soit une trentaine d'années après sa mort. Sortis du passé étrange du poète, environ 27 000 manuscrits signés de 72 noms différents continuent de faire émerger une œuvre d'une immense beauté. En 1988, le corps de Pessoa a été transféré dans le cloître du monastère des Hiéronymites. La maison Pessoa se situe Rua da Rocha, 16, dans le quartier de Campo de Ourique.

Mais s'il fallait visiter un seul monument dans la ville, pour moi c'est incontestablement le monastère des Hiéronymites, tout près de la tour. C'est là que fut signé le traité de Lisbonne de l'Union européenne. Lieu de pèlerinage, il est l'un des monuments les plus visités au Portugal. J'apprends quelques détails supplémentaires qui caractérisent le style manuélin, comme les gâbles et les pinacles… Dans la nef, le raffinement de la voûte est remarquable. J'admire les arcs finement ciselés et la décoration des piliers sculptés qui m'évoque une dentelle brodée faite de fleurs et de fruits. J'ai adoré ce lieu où je me plaisais à imaginer la vie monacale empreinte d'une grande sérénité.

P
FEIRA INTERNACIO L DE LISBOA

UNE VILLE GRAPHIQUE

« En passant de Belém
au Parc des Nations,
j'ai eu l'impression de vivre
"un retour vers le futur". »

Parc des Nations
Le Parc des Nations, construit pour l'Expo'98 de Lisbonne, est devenu un centre commercial et culturel.

Sur les rives du Tage, en plein cœur du quartier historique, s'impose, depuis une dizaine d'années, le centre culturel de Belém. Très beau bâtiment contemporain aux influences mauresques, il abrite avec élégance le musée du Design et le musée d'Art moderne et contemporain. Les petits jardins intérieurs offrent de doux moments de tranquillité. Tout le charme de la ville s'incarne dans ses contrastes architecturaux. Aux lignes torsadées et aux piliers octogonaux du monastère des Hiéronymites semblent répondre les pierres de calcaire brut et les transparences du centre culturel de Belém. Le premier symbolise l'âge d'or du Portugal et le second la présidence du pays à l'Union européenne. Deux fondements de l'histoire marqués et magnifiés par l'architecture. Découvrir Lisbonne revient à sans cesse franchir des ponts entre les vestiges d'un passé glorieux et les réalisations architecturales d'une grande modernité : un « retour vers le futur ». L'Exposition universelle de 1998, sur le thème « L'océan, avenir de l'humanité », s'est tenue dans ce quartier, à l'est

de la ville. Grâce à cela, cette ancienne zone industrielle est devenue un ensemble architectural ultramoderne, dont fait partie le Pavillon portugais, doté d'une immense tenture en béton, suspendue avec des câbles métalliques. Aujourd'hui, cet ensemble culturel est devenu très vivant. Certes, le centre commercial ne m'a pas laissé un souvenir inoubliable mais, en revanche, j'ai passé un vrai bon moment dans l'Oceanário. Le plus grand d'Europe ! La rencontre avec un requin panthère ou un poisson-lune, événement rare, vaut à elle seule le détour. La gare d'Oriente, également conçue pour l'Expo'98 par l'architecte espagnol Santiago Calatrava, se distingue par sa superbe couverture de verre, telle une palmeraie cristalline, et par ses structures métalliques blanches. Un assemblage d'une grande finesse. Elle sera agrandie d'ici 2015 pour accueillir, notamment, le TGV Madrid-Lisbonne.

Passant à proximité de drôles de cabines ovoïdes, le téléphérique express, je ne peux pas résister à l'envie de reprendre de la hauteur. Cette fois, pour voir la ville moderne en surplombant des jardins tropicaux.

Musée du Design

Au sommet de l'escalier de l'entrée du musée du Design, une fausse lampe géante réalisée par Claes Oldenburg.

Centre culturel de Belém

Le centre culturel de Belém est un immense complexe culturel et artistique qui présente tous les arts de la scène (théâtre, danse, musique).

Océanorium

L'océanorium du Parc des Nations est le plus grand aquarium d'Europe. Il présente les différents écosystèmes marins des océans Pacifique, Indien, Antarctique et Atlantique.

SAVEURS GOURMANDES

« Inimaginable d'aller à Lisbonne sans passer par la fameuse Pasteria de Belém. »

Après le monastère des Hiéronymites et la Tour, voici la troisième institution du quartier de Belém. Les *pastéis de nata* sont un peu ma madeleine de Proust portugaise. Mais la recette de ces flans crémeux est précieusement tenue secrète depuis 1837. Seuls les maîtres pâtissiers la connaissent. J'ai même entendu dire qu'ils doivent prêter serment de ne pas la divulguer. Peut-être une légende… J'ai supplié le chef, mais rien à faire. J'ai seulement réussi à obtenir une brève incursion en cuisine. Cette pâtisserie, dédale de petits salons aux murs ornés d'azulejos blanc et bleu, ne désemplit pas. À l'heure du *tea time* lisboète, les familles et les touristes se côtoient pour se régaler

Pastéis de nata

Les *pastéis de nata* auraient été inventées au XVIIIe siècle par des religieuses du monastère des Hiéronymites.

Bacalhau

Il existe une multitude de façons de préparer la morue. José privilégie la recette du *bacalhau* dans la plus pure tradition.

de cette douceur, concoctée chaque jour en milliers d'exemplaires et connue dans le monde entier. Dans ce lieu immense, les effluves de vanille et de pâte feuilletée vous font chavirer. Lorsque le petit flan arrive sur la table, tiède et légèrement bruni, il ne reste qu'à légèrement le saupoudrer de cannelle ou de sucre glace. Juste le temps pour les papilles gustatives de se mettre en émoi. S'il fallait trouver une seule raison de revenir à Lisbonne… Sortie de cet endroit légendaire, et après une indispensable balade digestive, je retrouve José Pereira, chef cuisinier, pour une initiation au plat national. Nous faisons nos emplettes sur un petit marché couvert. À proximité, se trouve le *Roi du bacalhau*. L'antre de la morue, proposée sous toutes les formes possibles. José me rappelle la différence entre la morue et le cabillaud. La première se consomme séchée et salée tandis que le second désigne le poisson frais. Il m'apprend également que le mot cabillaud vient du néerlandais *kabeljauw*. Une fois les morceaux de morue choisis et empaquetés dans de simples feuilles de papier, nous sommes prêts à investir la cuisine du restaurant de José pour l'incontournable expérience du *bacalhau*. La recette est très facile et absolument délicieuse. Sur la table, nous rassemblons l'ail, l'oignon, les tomates concassées, les herbes, de petites pommes de terre et de l'huile d'olive. Une vraie saveur de Lisbonne. Même moi, je pourrais le faire… À accompagner d'un verre de *vinho verde*.

SUR UN AIR DE FADO

« "Une musique ni gaie ni triste" disait Pessoa. Le fado est un chant bouleversant. Il me touche beaucoup. »

J'adore passer une soirée dans une petite *casa*, là où les générations se croisent au son d'une guitare et de voix venant du plus profond de l'âme. Pour trouver les perles, il est préférable de faire de petits repérages dans l'Alfama et, surtout, de prendre conseil auprès des anciens. Au risque de tomber dans une *casa* attrape-touristes… Dans leurs chants mélancoliques, les fadistes interprètent la *saudade*, la nostalgie du passé, le chagrin, et l'amour. Le fado est né dans les quartiers populaires comme l'Alfama ou le Bairro Alto. Le mot, lui-même, signifie le « destin ». Tout un programme… Les Lisboètes racontent que le fado ne s'apprend pas. Il se transmet, se raconte, se vit. L'artiste et la chanson ne font qu'un. Je connaissais surtout Amália Rodrigues, une figure emblématique du fado et du Portugal, célèbre pour avoir initié un fado plus moderne et utilisé des textes de grands poètes. La nouvelle

Casa de Fado

Les bonnes *casas de fado*, cabarets où l'on peut écouter cette musique, se dénichent comme de vrais trésors.

Fado

Les interprètes de fado les plus connus sont des femmes. Pourtant les hommes, plus souvent associés à la guitare, chantent aussi.

génération s'intéresse aussi à ce genre musical. J'ai eu la chance de rencontrer Mafalda Arnauth, figure montante depuis quelques années. Née à Lisbonne, cette jeune femme chantait uniquement pour le plaisir, sans prétendre aucunement à une carrière. Ce n'était pas son ambition après des études de vétérinaire… Fadiste régulièrement invitée dans les *casas*, son charisme l'a finalement conduite à être aujourd'hui une artiste reconnue dans tout le pays. Pulpeuse, belle, lumineuse, elle donne une autre image du fado. Il y a une dizaine d'années, son premier opus l'a propulsée vers la célébrité. Mafalda a réussi un vrai pari : plaire à la fois aux traditionalistes et aux jeunes générations. Avec une force remarquable, elle a su apporter une nouvelle dimension aux chants et inventer un fado modernisé sans être dénaturé. Sa voix puissante fait d'elle une digne héritière de Rodrigues. Conclure un voyage à Lisbonne au son du fado… Rien de tel pour continuer de savourer tous ces moments passés sous la lumière. Cette ville si touchante appelle à revenir encore et encore pour se laisser apprivoiser un peu plus à chaque échappée.

SUR LES TRACES DE LISBONNE

UN LIVRE

Lisbonne de Fernando Pessoa : sûrement le meilleur guide sur la capitale. Né à Lisbonne, le futur poète doit quitter la ville pour suivre sa famille en Afrique du Sud. Il la retrouve à l'adolescence pour ne plus jamais la quitter. Pour lui, elle est beaucoup plus qu'une ville, c'est la patrie toute entière. « Pessoa rime avec *Lisboa*. » De quartier en quartier, il nous livre son regard sur « sa » Lisbonne tant aimée.

UN FILM

Lisbonne story de Wim Wenders : dans ce clin d'œil au monde des tournages, un preneur de son part à Lisbonne rejoindre un ami cinéaste, qui l'a appelé au secours. Une fois sur place, il ne retrouve pas son ami, mais le film inachevé que cet ami a laissé. Le protagoniste décide alors de mettre du son sur les images muettes et part ainsi à la recherche du cinéaste disparu. C'est là une très belle invitation au voyage dans les rues de la ville, au-delà de la réflexion sur le cinéma.

UN DISQUE

Mafalda Arnauth, premier album de cette magnifique chanteuse de fado. Elle n'hésite pas à mêler plusieurs genres, notamment en interprétant avec originalité *La Bohême* de Charles Aznavour.

LISBONNE PRATIQUE

Il faut marcher dans la ville blanche, s'y perdre complaisamment, pour en saisir l'âme. Ou se laisser surprendre par ses charmes. La ville, dont Ulysse serait le fondateur légendaire, a vu son destin grandir sous la houlette de navigateurs remarquables, d'infatigables explorateurs et de souverains bâtisseurs. Du dévastateur tremblement de terre de 1755 à l'Exposition universelle de 1998, en passant par la révolution des Œillets de 1974, Lisbonne a gravi les marches de la modernité.

Superficie : 84,6 km^2 intra-muros
Population : 830 000 habitants
Régime politique : démocratie parlementaire
Religion : catholique
Langue : portugais
Monnaie : euro

Horaires d'ouverture

Ouverts en semaine de 10h à 19h, la plupart des magasins sont fermés le dimanche et les jours fériés. En revanche, certains centres commerciaux sont accessibles même le dimanche, de 10h à 22h.

Climat

Lisbonne fait partie des capitales européennes les plus ensoleillées. Elle connaît un court et doux hiver, toutefois assez pluvieux. Si l'été peut se montrer très chaud, il réserve cependant de fraîches soirées. L'automne est sans doute la meilleure période pour s'y rendre, notamment au début du mois de novembre, surnommé « l'été de la Saint-Martin ».

Coût de la vie

Lisbonne est l'une des villes d'Europe les plus abordables. On peut encore s'y loger à petit prix.

Transports

Il existe une pléthore de moyens de transport à Lisbonne. Parmi les plus pittoresques, à emprunter absolument : funiculaires (da Lavra et Santa Justa), tramways (jaune et rouge) et ascenseurs (da Bica et da Gloria). Plus classiques et sans surprise : bus, métro (quatre lignes), train (pour passer d'une rive à l'autre du Tage) et taxi. Pour circuler facilement la *Lisboa Card* permet d'utiliser sans restriction tous les transports en commun et donne droit à certaines réductions dans les lieux touristiques.

Hébergement

Hôtels de luxe, pensions de famille, chambres ordinaires ou cadres remarquables, auberges de jeunesse… ils abondent et pour tous les budgets. L'Exposition universelle de 1998 a largement contribué à cette diversité. Préférez le quartier Bairro Alto (le quartier haut) pour son animation. Attention : en haute saison, à Pâques et de juin à octobre, les prix montent de 30 à 50 %. En revanche, en basse saison, certains hôtels offrent des réductions allant de -20 % à -60 %.

Gastronomie

À Lisbonne, il est possible de goûter à la cuisine de toutes les régions du pays. Les produits de la mer sont extrêmement variés. Les viandes sont généralement accompagnées de légumes et de riz. Le *vinho verde* est parfait avec le fromage de brebis. Les pâtisseries et les cafés (*bica*) pur arabica sont divins. Attention aux amuse-gueules proposés systématiquement avant le repas, comme le fromage frais coupé en tranches, les olives, la charcuterie, etc. Ils sont facturés dès le moment où l'on commence à les grignoter. Même chose pour le pain et le beurre.

La ville verte

La topologie de Lisbonne ne se prête pas vraiment au vélo contrairement à beaucoup de capitales européennes où ce moyen de transport gagne du terrain. Il est très à la mode ici de se déplacer en scooter. De plus en plus de petites échoppes bio ouvrent leurs portes, mais les produits restent chers et peu accessibles pour les locaux.

Shopping

Si, dans les quartiers touristiques, de nombreux petits magasins d'artisanat foisonnent, ceux destinés aux Lisboètes se raréfient. Les grandes enseignes se multiplient, comme partout ailleurs. Dans le quartier de la Baixa se regroupent des boutiques de toutes sortes. La rua do Arsenal est l'une des plus connues : ici, vous trouverez du poisson salé et, notamment, toutes les catégories de *bacalhau*. Coup de cœur, la *Conserveira de Lisboa* : les boîtes de thon, maquereau, sardines et autres produits de la mer sont de jolies conserves à rapporter.

Repères

La mairie de Lisbonne édite un guide mensuel sur les principales activités de la ville : l'*Agenda Cultural*, au format de poche. Il se trouve dans les hôtels, les musées, les théâtres et à l'office du tourisme.

Jérôme à ROME

**Antique, christique, sophistiquée…
Rome montre tant de visages.
Noble et parfois anarchique, elle incarne
le cinéma plus que tout autre capitale européenne.
Une échappée *bellissima* !**

Chapelle Sixtine
Plafond de Michel-Ange, *La Création de l'Homme*.

Scooters
La Vespa, le moyen de locomotion
préféré des Romains.

LA MODE À L'ITALIENNE

« Dans la Rome antique, les hommes portaient déjà beaucoup d'attention à leur apparence. Andréa me démontre que, pour ceux qui en ont les moyens, rien n'a changé. Très surprenant... »

L'œil du Maître

Andréa conseille les hommes qui ne savent pas comment bien choisir leurs vêtements.

Sur mesure

Se faire faire une chemise sur mesure est une expérience que vit au moins une fois tout Romain.

Auteur d'un ouvrage intitulé *Le Guide du sur mesure*, Andréa connaît parfaitement toutes les adresses de l'élégance faite Rome. À commencer par une très petite boutique dont la vitrine regorge de boutons de manchettes. À l'intérieur, les murs sont constellés de photos de célébrités : Mastroianni, Fellini, Kennedy... Des stars du football et même des papes sont passés entre les mains de ce tailleur qui réalise de superbes vêtements sur mesure. L'œil brillant, il évoque le nom de ceux qu'il habille et qui, de surcroît, lui restent fidèles. Un critère très important ! Selon lui, les petites entreprises familiales, comme la sienne, entretiennent la réputation de Rome, ville à la mode. En fait, la première chemise sur mesure s'apparente à un passage initiatique pour un jeune homme. Comme une affirmation de sa virilité.

À mon tour ! D'un air très aguerri, le tailleur me propose différentes matières, plus belles les unes que les autres, ainsi que des variantes possibles pour le col, les manches et les boutons. Pour prendre mes mesures, nous passons dans un petit salon cosy et très calme, loin de l'agitation de la rue. Ici, une chemise est comme un puzzle, dont chaque pièce s'assemble harmonieusement. Une petite œuvre d'art pour ce monsieur, dont le grand savoir-faire ne fait pas l'ombre d'un doute. Je me régale de cet épisode romain bien particulier. Pour 120 euros, je repars avec ma première chemise sur mesure, portant mes initiales, discrètes, brodées sur le cœur !

Andréa apporte souvent son aide aux hommes qui ne savent pas toujours demander ce dont ils ont besoin. Ses conseils vont jusqu'au choix d'un chapeau ou d'une paire de chaussures, ces attributs si importants pour les Italiens. « Pour les femmes, me dit-il, les lunettes se placent incontestablement en haut de la liste des accessoires. » Il suffit de remarquer la quantité de magasins dédiés uniquement à ces objets…

C'est amusant de voir les jeunes romains s'habiller d'une façon « faussement négligée ». L'art de l'ostentatoire bien mesuré est palpable partout dans les rues de Rome, surtout sur la Via del Corso, jalonnée de boutiques sur presque deux kilomètres. L'élégance est, bien au-delà du stylisme, une attitude, voire un mode de vie pour certains.

Piazza di Spagna

Vitrine de la boutique du couturier italien Versace, à deux pas de la place d'Espagne.

La célèbre démarche d'Aldo Maccione, séducteur roulant des mécaniques dans le film *L'aventure, c'est l'aventure*, n'est peut-être pas née de l'imagination de Claude Lelouch ! Le cliché de l'homme au look et à l'attitude virils semble perdurer. Au point que les Italiennes manifestent régulièrement par centaines de milliers pour défendre leur dignité et pour protester contre les stéréotypes machistes.

Fontaine des Quatre-Fleuves

La *Fontana dei Quattro Fiumi* du Bernin, sur la Piazza Navona. Détail de la statue représentant le Gange avec l'église Sant'Agnese in Agone en arrière-plan.

DE PLACES EN FONTAINES

« “Pour que ton vœu se réalise, il faudra revenir à Rome.” Je refais donc un nouveau vœu à Trevi, car je ne me lasse pas de revenir voir Rome “la Sublime”. »

Piazza Navona

Sur la plus grande place de Rome, peintres et caricaturistes vivent grâce aux touristes.

Sur la Piazza Navona, dont la forme particulière rappelle qu'elle fut une ancienne piste de jeux à la romaine, je retrouve Jonathan. Un sacré personnage ! Artiste peintre et ex-roi de la nuit, il a connu ses moments de gloire. Aujourd'hui grand-père aux cheveux bien blancs, il montre une volonté farouche à rester jeune en jouant sans cesse de son charme auprès des femmes. Sur la place immense, située dans le cœur historique de la ville, des hordes de touristes gravitent autour de peintres caricaturistes. Nous nous arrêtons devant la remarquable fontaine des Quatre-Fleuves trônant au centre de la place. Un obélisque est entouré de quatre statues représentant chacune un continent : le Gange symbolise l'Asie, le Nil l'Afrique, le Danube l'Europe et le Rio de la Plata l'Amérique. L'Océanie ne figurait pas encore sur les cartes du monde au XVIIe siècle.

On raconte que les statues de la fontaine et celles de l'église Sant'Agnese, juste en face, se répondent ironiquement.

Nous nous écartons de la place pour des petites rues adjacentes. Jonathan me montre ce qui fut son bar disco très branché, où venait toute la jet-set. Ses yeux brillent. Il a, visiblement, laissé beaucoup de souvenirs derrière cette porte. Nous terminons ce petit périple nostalgique par le restaurant qu'il avait construit lui-même. Il a même découvert des vestiges de la Rome antique, comme cela arrive très fréquemment. Son ancien atelier de peintre est aujourd'hui un restaurant. Notre artiste semble avoir connu de nombreux déboires dans sa vie bien remplie.

Après cette rencontre, j'ai arpenté les quelques rues de ce quartier. Mais trop de touristes… C'est un peu le prix à payer pour visiter Rome qui compte 400 églises et 300 fontaines.

Je ne peux résister à l'envie de revoir la fontaine de Trevi, promesse oblige !

Construite au XVIIIe siècle, elle marque la fin du style baroque de Rome. Mais elle est surtout célèbre grâce au cinéma de Fellini. La sensualité d'Anita Ekberg plane toujours sur ce monument devenu mythique et un lieu sacré pour les amoureux.

En faisant un vœu dos à la fontaine, les touristes jettent une pièce de monnaie au-dessus de leur épaule droite, qui retombe dans le bassin. Environ 900 000 euros sont ainsi récoltés chaque année pour des œuvres caritatives.

Fontaine de Trevi

Dans le film *La Dolce Vita*, de Federico Fellini, Anita Ekberg prend un bain en robe du soir, dans cette fontaine baroque du XVIIIe siècle.

Piazza Navona

À l'origine, la Piazza Navona était un stade construit par l'empereur Domitien pour le déroulement de jeux dans la tradition grecque.

ROME AU CINÉMA

LE DÉJEUNER DU 15 AOÛT (2009)

Dans la pure tradition de la comédie italienne, ce film de Gianni Di Gregorio, tourné dans le quartier du Trastevere, raconte l'histoire d'un vieux garçon qui doit, outre sa mère, prendre en charge trois autres mamies pendant tout un week-end. De péripéties en mésaventures, une tendre relation se noue entre les personnages.

JOURNAL INTIME (1994)

Nanni Moretti écrit, réalise, produit et interprète ce film. Rome est au centre du premier des trois épisodes. Moretti se laisse aller à l'un de ses grands plaisirs : rouler en Vespa, en été, dans les rues désertées de la ville. Il passe ainsi d'un quartier à l'autre, discute avec des passants et s'arrête dans un bal populaire avant de faire une pause dans un bar. Il finit par se retrouver à Ostie où est érigé un monument à la mémoire de Pier Paolo Pasolini.

LA DOLCE VITA (1960)

Federico Fellini reprend dans ce film le principe des sketches, typique du cinéma italien. Il réunit un trio inoubliable : Marcello Mastroianni, Anita Ekberg et, bien sûr, Rome. Mastroianni interprète un jeune provincial qui monte à la capitale pour écrire. Ce film est marqué à tout jamais par la fameuse scène dans la fontaine de Trevi, où la sublime Anita Ekberg prend son bain vêtue d'une robe du soir.

LES VESTIGES

« Je me surprends de temps en temps à me remémorer tout ce que j'ai appris à l'école. Tout est là devant mes yeux comme un livre d'histoire ouvert. Mais Rome n'est pas uniquement une ville de vieilles pierres. »

Une découverte

Des archéologues découvrent un superbe buste, âgé de deux mille ans. Un moment unique pour toute l'équipe.

Ma rencontre avec un groupe d'archéologues confirme bien qu'il est pratiquement impossible de construire à Rome sans tomber sur des vestiges.

Les sols doivent toujours être fouillés avant toute construction. Je me rends en leur compagnie sur le chantier d'un complexe d'immeubles, dont l'avancée va s'avérer fortement compromise. Avec l'équipe de tournage, nous vivons en direct une incroyable découverte sur ce lieu. Dans un trou d'environ trois mètres de diamètre, les chercheurs trouvent ce qui pourrait être un pied de colonne. Mais en creusant davantage, avec toute la délicatesse requise, il semble que ce soit un buste… L'excitation est à son comble parmi les archéologues. C'est bien un buste, en très bonne condition. 2 000 ans d'âge…

Je gratte à mon tour, avec mon hôte Davidé, le reste de ce qui s'avèrera être une fontaine. Au terme de quatre heures de fouille, cinq statues seront extraites de la terre. L'événement est grandiose et ce moment très fort pour tous ceux qui, comme nous, viennent de le vivre.

Arc de Septime Sévère

L'Arc de Septime Sévère est un arc de triomphe antique situé dans le Forum romain, au pied de la colline du Capitole.

Musée du Capitole

Main d'une statue exposée au palais des Conservateurs, au musée du Capitole, centre historique classé au Patrimoine mondial de l'UNESCO.

Les télévisions et la presse italiennes en feront leurs gros titres, le lendemain... Davidé et son équipe nous ont fait vivre un moment de leur histoire. Rome a tout connu, disent les Romains. Les traces de son histoire en témoignent un peu partout. C'est une ville de statues, de ruines et de fontaines, où se mêlent sans cesse l'antique et le christique. J'aime ce mélange, mais avec une préférence pour l'antique. Je me surprends de temps en temps à me remémorer tout ce que j'ai appris à l'école. Tout est là devant mes yeux comme un livre d'histoire ouvert.

Mais Rome n'est pas uniquement une ville de vieilles pierres. L'effervescence y est tout à fait magique. Rien n'est quadrillé, tout me semble anarchique. Il n'est jamais question de prendre un bus ou un taxi. La marche à pied permet de tomber par hasard sur des trésors. Les repères architecturaux évitent que l'on ne se perde. C'est, bien sûr, le cas du Colisée de taille monumentale. Le plus grand amphithéâtre jamais construit dans l'Antiquité, symbole de la Ville éternelle et de la grandeur de Rome, pouvait accueillir jusqu'à 50 000 spectateurs, avides de combats dans l'arène. Aujourd'hui, il reçoit des milliers de touristes et abrite une impressionnante colonie de chats, dont personne ne peut vraiment estimer le nombre. À peine farouches, ils font partie du décor. J'ai même l'impression qu'ils adorent être photographiés ! Une légende (une autre !) raconte que les chats ont décimé les rats de la Rome antique, mettant ainsi fin à la terrible peste. Protégés par les empereurs, ils le sont aujourd'hui par la municipalité et quelques amoureux de ces félins. Entre deux siestes, ils se rendent utiles… cette fois, en chassant les souris !

Colisée

Vue intérieure du Colisée, classé au Patrimoine mondial de l'UNESCO.

Bouche de la Vérité

La *Bocca della Verita*, sur la place du même nom. Selon une légende romaine, la bouche de cette ancienne plaque d'égout mange la main de ceux qui prononcent un mensonge.

Colisée

Le Colisée accueillait les combats de gladiateurs. La construction de nouveaux monuments comme la basilique Saint-Pierre ont dépouillé l'amphithéâtre de ses pierres.

LA VILLE AUX MILLE VISAGES

« Comme au temps de la Rome antique, chacune des sept collines de la ville constitue un petit monde à part. »

Sans permis

Les petites voitures sans permis font partie de la panoplie des jeunes filles de bonne famille de Parioli.

Paris, New York, Londres et bien d'autres villes du monde sont divisées en quartiers dotés de leurs propres codes et personnalité. Rome n'échappe pas à la règle. Avec, sans doute, une petite différence : le culte de l'apparence. Dans le centre-ville, point de ralliement pour sortir le soir, tous les styles se mélangent. C'est pourquoi le paraître est si important. Lorsque l'on est jeune Romain, on se doit « d'être singulier ».

Les *pariolini* forment le haut du pavé. Issus des résidences très cossues du quartier du Parioli, au nord de la ville, fief de la jeunesse dorée romaine, ils possèdent toute une panoplie de signes extérieurs pour être reconnaissables non seulement entre eux, mais aussi par ceux n'appartenant pas à la bourgeoisie. Les filles portent leur chemise à petit col rose « très *pariolina* » et, surtout, conduisent leur petite voiture si typique.

Des véhicules sans permis qui peuvent se conduire dès l'âge de 14 ans ! Plus chic que le scooter.

Pour être *pariolini*, il faut avoir l'air de « jeunes filles ou jeunes hommes de bonne famille ». Pour leur part, les alternatifs, les artistes, les étudiants désargentés, sont identifiables grâce à leur look bohème. Ils sont nombreux à vivre dans le quartier de San Lorenzo, à l'est de Parioli, à proximité de l'université de La Sapienza. Ils fréquentent surtout les bars de nuit et les lieux d'exposition. Peu connue des touristes, cette partie de Rome représente l'avant-garde et le renouveau artistique. Un foisonnement qui, depuis quelques années, contribue à faire bouger la ville.

Colline du Janicule

La colline du Janicule offre un panorama magnifique sur les toits de la ville.
Elle est considérée comme la huitième colline de Rome.

Caffè Greco

Ce café situé *via dei Condotti*, dans le centre historique de la ville, symbolise tout le raffinement à l'italienne.

La Vespa

Un tour de la ville en Vespa rappellera le film *Vacances Romaines* avec Audrey Hepburn et Gregory Peck.

À quelques quartiers de San Lorenzo, les aristocrates fortunés, issus des plus anciennes familles d'Europe, vivent sur leur propre planète, tout près du Colisée.
Cette noblesse, dont les ancêtres étaient rois de Sicile, de Naples ou de Savoie, possède elle aussi son fief : le caffè Greco. Assûrément pour l'élégance de ce très vieux café de Rome, l'un des premiers, aux murs tapissés de pourpre. Écrivains, peintres et musiciens auraient, en leur temps, savouré des cafés, assis confortablement sur ses fauteuils rouge carmin. Ceux-là mêmes où aujourd'hui princes et princesses évoquent avec une certaine nostalgie la vie intellectuelle de l'ancienne Rome.

Entre les multiples mondes formant cette mosaïque sociale très intéressante, je crois qu'il existe au moins un point commun : la Vespa. Le deux-roues romain par excellence. Lorsqu'il fut inventé, en 1946, ce scooter avait pour vocation de pouvoir être conduit par des hommes et par des femmes, et ne devait pas salir les vêtements du conducteur, contrairement à la moto. Contrat rempli puisque l'engin fait le bonheur des jeunes depuis des décennies et continue d'être une icône dans la Ville éternelle.

Le café

Le café est une véritable religion. Les Italiens consomment environ 70 millions de tasses par jour...

L'ART DU CAFÉ

DES VARIANTES SUBTILES

ESPRESSO
L'eau est pressée à travers une poudre de café finement moulue et torréfiée extra-forte.

RISTRETTO
Une version de l'*espresso* pressée plus fortement et pour laquelle très peu d'eau est utilisée.

CORRETTO
Un *espresso* agrémenté de *sambuca* (liqueur italienne douce et forte à base d'anis) ou d'*amaretto* (boisson alcoolisée parfumée aux amandes amères).

CAPPUCCINO
Un *espresso* allongé sur lequel on verse du lait mousseux. Il est saupoudré de cacao.

MACCHIATO
Un *espresso* auquel on rajoute du lait froid ou chaud.

LATTE MACCHIATO
Il se compose de trois « étages » : on verse doucement le lait chaud dans un verre pour former une première couche. Ensuite s'ajoute la mousse de lait (lait battu avec un fouet) et enfin on verse un *expresso* sur la mousse de lait.

CAFFÈ CRÈME
Un *espresso* pour lequel la quantité de café utilisée est plus importante. Le café est aussi moulu moins finement. Une couche de crème se forme sur le dessus du liquide.

CAFFÈ LATTE
Un café crème servi dans un verre qui contient deux tiers de lait pour un tiers de café.

L'EXPÉRIENCE VATICANE

« La religion catholique est omniprésente dans le quotidien des Romains. À chaque grand événement, des touristes affluent en masse dans cette ville de pèlerinage. »

Tout au long de l'année, le tourisme religieux représente une source de revenus colossale pour la municipalité. Parfois, il devient impossible de se loger dans le centre. Les couvents, comme celui des sœurs de Cluny, offrent alors une bonne alternative : le gîte pour une somme raisonnable, dans la douceur de leur jardin et la simplicité du lieu.

Pour me mettre dans l'ambiance, avant la bénédiction du pape, je fais une petite visite au centre Jean-Paul II, plus communément appelé « le pub GP2 ».

Créé par une association de travailleurs chrétiens, il est ouvert à tous mais surtout fréquenté par la jeunesse catholique. Le pub offre une connexion wi-fi, de la bière ou du vin, un coin concert et organise régulièrement des groupes de parole. Le tout dans un décor très sobre où se côtoient prêtres, religieuses et touristes.

Saint Pierre

Statue de saint Pierre sur la façade de la basilique Saint-Pierre, cité du Vatican.

Pub « GP2 »

Le Pub « GP2 », créé par une association de travailleurs chrétiens, accueille tous les publics, croyant ou non.

Bénédiction papale

Tous les dimanches, une immense foule se rassemble sur la place Saint-Pierre pour recevoir la bénédiction du pape.

Basilique Saint-Pierre

La basilique Saint-Pierre est construite à l'emplacement du tombeau de saint Pierre. Le *Ponte Sant'Angelo* (pont Saint-Ange) relie les deux rives du Tibre.

En un rien de temps, il est possible de passer de cette ambiance festive à une atmosphère spirituelle. D'un concert rock aux cantiques des vêpres ! Une porte permet d'entrer directement dans la crypte de la basilique San Carlo de Corso, l'une des six plus importantes à Rome. Et un petit escalier très étroit mène dans l'enceinte de l'église. Très surprenant !

La capitale compte une église tous les trois kilomètres et une soixantaine de basiliques. La plus célèbre étant, bien sûr, celle de Saint-Pierre de Rome, siège de l'église catholique romaine. Elle appartient au Vatican, le plus petit État indépendant du monde. Aucune frontière visible ne sépare la cité papale du reste de la ville. Tous les dimanches à 12h, une foule galvanisée s'amasse sur la grande place pour la bénédiction du pape, à laquelle j'assiste pour la première fois. La ferveur est à son zénith, doublée d'un suspense, quelques minutes avant l'apparition de Benoît XVI du haut de la loggia. Ce moment magique pour tous les croyants se produit sous une salve d'applaudissements. Le temps de la bénédiction elle-même est très court. Le pape prononce quelques phrases en plusieurs langues. Cet instant se termine par une

immense ovation. Des drapeaux s'agitent, des ballons verts inondent le ciel tandis que la musique et les chants se répondent sur le parvis. Je n'ai jamais croisé autant de soutanes et de voiles dans un même endroit. Les religieux évoluent au milieu de familles ou de groupes d'amis de tout âge et de toute nationalité.

Cette expérience, que l'on soit croyant ou pas, vaut la peine d'être vécue.

Il Bernino

Le Bernin, l'architecte de la place Saint-Pierre, voulait que la colonnade aux ellipses parfaites serve d'écrin à la basilique.

LE VATICAN

UN ÉTAT DANS L'ÉTAT

Date de la création de l'État de la Cité du Vatican : 11 février 1929.

Superficie : 0,44 km², soit 44 hectares.

Population : 800 personnes, dont 450 seulement bénéficient de la citoyenneté vaticane.

Tourisme religieux : 2,3 millions de pèlerins en 2010.

Langues : italien, latin pour la langue juridique et français pour la langue diplomatique.

Budget 2009 : 250 millions d'euros de recettes. Déficit de 4 millions d'euros.

La papamobile : les premiers véhicules étaient découverts. La verrière est apparue à la suite de la tentative d'assassinat de Jean-Paul II, en 1981.

Le pape est élu à vie. Sur les 185 cardinaux que compte le Sacré-Collège, seuls 120 sont électeurs. Ils doivent avoir moins de 80 ans.

Quelques papes...

- **Pie XI**, d'origine autrichienne, fut le premier chef d'État du Vatican.
- **Jean-Paul 1er** fut pape pendant 34 jours, l'un des plus courts pontificats de l'histoire. Avant lui, Léon XI avait régné 27 jours (XVIIe siècle) et Pie III, 23 jours (XVIe siècle).
- **Jean-Paul II** a régné pendant 38 ans. Le plus long pontificat du XXe siècle.

ROME PRATIQUE

De l'Antiquité à la Renaissance, toutes les époques ont laissé leur trace dans la Ville éternelle où modernité et traditions sont intimement liées. Rome suscite le romantisme ou l'agacement dû au bruit permanent. Parfois les deux ! En tout cas, elle ne laisse pas indifférent. Sublimes : les statues et les fontaines, les théâtres antiques, les églises et les temples. Délicieuse : la gastronomie aux saveurs toujours surprenantes. Étonnante : la vie autour du Vatican. Et, enfin, excitante : la vie nocturne à la croisée d'une jeunesse hétéroclite.

Superficie : 1 500 km^2
Population : 2,7 millions d'habitants
Régime politique : république parlementaire
Religion : catholique
Langue : italien
Monnaie : euro

Horaires d'ouverture

Les grands sites et musées ouvrent du mardi au dimanche de 9h à 17h et, selon les jours, jusqu'à 19h ou 20h. Les restaurants restent ouverts en continu, généralement de 11h à 23h ou minuit, et les boutiques de 9h à 13h et de 14h à 17h. Celles-ci ferment le dimanche et souvent le lundi matin.

Climat

Rome bénéficie d'un climat vraiment doux toute l'année. Les températures hivernales ne descendent jamais en dessous des 5 °C. En revanche, en été, les températures peuvent atteindre les 35 °C. Ce qui laisse le printemps et l'automne comme saisons idéales. Seul bémol : la pluie abondante d'octobre à début décembre.

Coût de la vie

Les prix romains sont comparables aux prix parisiens : très élevés en haute saison. Hors saison, ils diminuent d'environ 30 %, notamment sur les hôtels.

Transports

Le service de bus et de tramways, efficace, fonctionne jusqu'à minuit. Le métro ne compte que deux lignes desservant assez peu de lieux. Parmi les nombreux taxis, certains circulent uniquement dans le centre-ville et d'autres seulement à l'extérieur de la ville. Le meilleur moyen de découvrir Rome reste de la parcourir à pied. Sur les passages pour piétons, hors feu, il faut s'imposer pour que les automobilistes s'arrêtent. La location de scooter est recommandée uniquement à ceux qui en ont déjà la pratique. La circulation romaine est cauchemardesque.

Hébergement

En juillet et août, sans avoir réservé longtemps à l'avance, il est quasi impossible de trouver une chambre, même si l'on y met le prix. Il en va de même aux périodes de fêtes et de festivals, de salons professionnels et d'événements religieux. Pour un séjour d'au moins une semaine au même endroit, la location d'appartement est sûrement une meilleure alternative. Pour vous loger dans une institution religieuse ou dans un ancien monument historique, il faut vous y prendre au moins trois mois à l'avance.

Gastronomie

La cuisine romaine, rurale à l'origine, est simple, saine et savoureuse. Elle est à base de pâtes, de viande (blanche seulement) et de légumes. Peu encline au raffinement, cette cuisine se plaît à respecter les saisons pour ne jamais rester vraiment éloignée de son terroir. La tradition culinaire impose les gnocchis le jeudi, la morue le vendredi et les tripes le samedi. Côté vin, si ceux de Toscane ou du Sud sont, certes, les plus réputés, la région du Latium compte aussi quelques vignobles à proximité de la capitale, comme par exemple, le Frascati blanc sec qui se marie à merveille avec la cuisine traditionnelle.

Musées

Le *Roma Pass*, valable 3 jours, donne accès à deux musées ou sites archéologiques au choix, offre des tarifs préférentiels pour tous les autres lieux touristiques et un usage illimité à tout le réseau de transport urbain. Le *pass* sert aussi comme coupe-file. L'ensemble des sites culturels est fermé le lundi.

La ville verte

À Rome, la circulation génère une forte pollution. Les parcs et les espaces verts, malgré leur nombre limité, permettent de ne pas se sentir étouffé.

Shopping

Les boutiques de luxe italiennes longent la Via del Corso et la Via del Babuino près de la place d'Espagne. Les moins onéreuses se trouvent sur la Via Cola di Rienzo et la Via Ottaviano. Pour tous les articles et ustensiles de cuisine, la *C.U.C.I.N.A*, située au 65 de Via Mario de Fiori est un pur bonheur.

Sophie à MADRID

Madrid cultive ses paradoxes comme un jardin en terrasses. Elle est aussi exubérante que secrète, tranquille le jour et festive la nuit, innovante et protectrice des traditions... Tout est toujours possible dans cette ville qui ne dort jamais.

Plaza Mayor
La Plaza Mayor à Madrid.

Musée Reine Sofia
Femme assise accoudée de Pablo Picasso au musée Reine Sofia.

LA VILLE
DU MILIEU

« Madrid s'apprivoise. Elle ne livre pas ses trésors au premier abord, comme Barcelone, "sa concurrente". Elle se mérite. Vaste et surprenante, la capitale trône, isolée sur un plateau, en plein cœur de l'Espagne. »

Puerta de Europa

L'une des deux tours Kio, gratte-ciel inclinés des architectes Pedro Santeri Cardillo, Philip Johnson et John Burgee sur la Plaza de Castilla.

J'ai choisi une approche en douceur en commençant mon périple par une escale à Prádena, au nord de la ville. En ce dimanche ensoleillé, la fête de l'été bat son plein sur la place du petit village. Les familles et les amis d'enfance se retrouvent pour danser au son de la fanfare. Ce soir, l'un d'entre eux, Antonio, revêtira ses habits de torero et entrera dans l'arène, sous le regard inquiet de son frère, Diego.

Je poursuis ma route vers les *negros pueblos*, ces villages de pierres noires, si singuliers. Pratiquement abandonnés dans les années 1960, ils se repeuplent aujourd'hui de jeunes madrilènes, les enfants du pays revenus sur leur terre ancestrale après une vie citadine finalement trop agitée à leur goût. Cette génération vient rompre le silence de ces lieux où désormais se dessine l'avenir de leurs propres enfants.

Lors de ma dernière étape avant Madrid, je rencontre Alberto, récolteur de résine. « C'est si facile d'extraire le jus des arbres », me dit-il. Et il s'empresse d'ajouter : « Il servira à fabriquer des crèmes, des savons et de

Rio Duratón

Découverte en canoë des superbes gorges du Rio Duratón, en compagnie d'Alberto, passionné de la région et ancien garde du parc.

Plaza de Cibeles

La fontaine au centre de la Plaza de Cibeles représente la déesse Cybèle, qui personnifie la nature sauvage.

la cire pour rendre les femmes encore plus belles ! » Alors que des vautours fauves évoluent dans le ciel comme des planeurs, nous empruntons un canoë pour mieux apprécier les gorges du Rio Duratón. C'est absolument sublime. Nous cherchons à repérer les aigles de Bonelli qui se confondent avec la roche. Je quitte finalement ce somptueux sanctuaire pour, en très peu de temps, rejoindre la cité royale.

Réputée polluée et surpeuplée, à mes yeux, la ville ne donne pas cette impression. La chaleur est, certes, difficile à supporter. Vivre au rythme madrilène s'impose immédiatement, autrement dit le matin et le soir. À la fois populaire et innovante, classique et avant-gardiste, Madrid se visite à pied, de quartier en quartier, dont chacun chérit l'histoire. L'époque des Habsbourgs a laissé derrière elle la grandiloquence des palais, des églises, des monastères et la Plaza Mayor. Celle des Bourbons a marqué son empreinte grâce à de superbes monuments, dont le musée du Prado, au jardin botanique et à des places élégantes, agrémentées de fontaines. Entravée sous la dictature franquiste, l'architecture madrilène s'épanouit à nouveau depuis une trentaine d'années. Les designers du monde entier viennent ici exercer leurs talents et laisser de nouvelles traces. La jeunesse est avide de renouveau et de créativité. Et elle s'en donne à cœur joie !

LES ÂMES DE LA CAPITALE

«Entre ses quelques tours et ses monuments grandioses, la Belle Castillane garde son charme suranné. En effet, les quartiers (*barrios*) restent très populaires.»

Celui de La Latina, au sud-ouest de la Plaza del Sol, avec ses rues étroites et ses petites places ombragées, est particulièrement vivant. Ses habitants revendiquent leur fort enracinement ici depuis des générations. Ils veulent à tout prix éviter que Madrid ne devienne un immense centre commercial. Au cœur du quartier, les riverains ont investi un terrain vague à l'abandon. Avec un groupe d'architectes, ils ont lancé toutes sortes d'initiatives dans cet espace public alternatif. En espérant que l'énergie qui en émane encouragera les jeunes du quartier à y rester.

Quartier de Lavapiés
Façade d'un coiffeur ornée d'azulejos.

De son côté, Malasaña, le quartier sans doute le plus urbain et le plus culturel de Madrid, regorge de bars à tapas et de boutiques plus créatives les unes que les autres. Le mouvement de la *movida* est né dans ses rues. Marie Shoo, jeune photographe, trouve que cette ambiance perdure d'une certaine façon. Chasseuse de tendances, comme elle se surnomme elle-même, elle arrête avec une incroyable aisance, sous mes yeux, de jeunes gens dans la rue pour immortaliser leurs tenues vestimentaires sur son blog de mode.

Quartier de Malasaña

Dans la rue, Marie Shoo photographie régulièrement de jeunes Madrilènes pour animer son blog de mode.

REINA SOFIA

UN PATRIMOINE UNIQUE

Bordé par les *barrios* de Lavapiés et Paseo del Prado, le quartier tranquille d'Atocha attire les touristes pour une très bonne raison : le musée national Centre d'art Reina Sofia. Ce musée d'art moderne et contemporain couvre la période de 1900 à nos jours. Ouvert au public il y a une vingtaine d'années, sa surface s'est agrandie en 2005, sous la direction de l'architecte Jean Nouvel. Parmi ses 18 000 œuvres, la plus célèbre est sans doute *Guernica* de Pablo Picasso. Des toiles de Dalí et Miró font aussi partie de cet unique patrimoine de la peinture espagnole.

Centre d'art Reina Sofia
Calle Santa Isabel, 52
Madrid

Centre d'art Reina Sofia

***Guernica*, l'œuvre majeure de Pablo Picasso, est exposée au Centre d'art Reina Sofia depuis 1992.**

Quartier de Lavapiés

Dans ce quartier, la famille Ramirez fabrique des guitares depuis 1880.

Nous arpentons les boutiques l'une après l'autre. Ici, nous essayons des lunettes à monture bleue ou blanche ; là, nous admirons des petites robes avec des figurines cernées de dentelle. Sylvia, leur créatrice, nous dit avoir eu la chance d'être au bon endroit et au bon moment, après ses études. Jusque-là, seule Barcelone créait les tendances.

Je finis ma tournée des *barrios* par Lavapiés. Nous sommes ici dans le quartier le plus métissé de la ville. Sur une façade, je lis : « Si tu es à Madrid, tu es de Madrid. » Juste à côté, un immeuble de brique rouge attire mon attention. La Tabacalera, ancienne fabrique de tabac, est un lieu mythique dont les murs sont marqués par les luttes ouvrières des années 1830 ainsi que par les résistants au franquisme. Une centaine de personnes du quartier se sont mobilisées, une fois encore, pour faire de cette usine désaffectée un lieu culturel autogéré. J'ai l'impression d'être dans un petit village traditionnel. Les commerces de proximité ont encore toute leur place. Pour beaucoup, ils sont repris en main de génération en génération. C'est le cas du magasin et fabrique de guitares de la famille Ramirez. Une enseigne connue dans toute l'Espagne. Christina, la plus jeune de la famille, est la seule à jouer de l'instrument « pour rendre encore plus heureux les musiciens ». À quelques pas, chez la famille Riesgo, on est herboriste et alchimiste avant d'être chimiste. Quelque trois cents casiers en bois habillant les murs recèlent des secrets de famille précieusement gardés. À côté, le coiffeur barbier prend soin de José, qui vient ici depuis son enfance. Pour lui, ce quartier est l'âme de Madrid.

Barrio La Latina

Dans le barrio La Latina, au moindre rayon de soleil, les terrasses de café sont investies par les Madrilènes.

LA RUE MADRILÈNE

« La rue est le royaume des Madrilènes. J'ai l'impression que tout, dans une journée, y commence et s'y termine, au fil de milliers de petites histoires. »

Quartier Boa Mistura

Les cinq garçons du collectif de quartier Boa Mistura exécutent des portraits muraux pour donner vie aux devantures.

Avant de m'aventurer dans le marché aux Puces, je refais une courte incursion vers La Latina, pour jeter un coup d'œil à une petite boutique rétro dont j'ai beaucoup entendu parler. Je ne veux pas la manquer, car El Transformista est un emblème pour ceux qui furent précurseurs de la *movida* à la fin des années 1970. Pedro Almodovar en faisait partie. Pour ses premiers films, il venait chiner ici au milieu de vieux téléphones, radios ou meubles vintage. L'endroit est pittoresque !

Le marché du Rastro, à proximité de la superbe Plaza Mayor et à quelques minutes à peine de la Puerta del Sol, est une autre institution madrilène. Ce gigantesque marché aux puces attire une foule de chineurs ou de simples promeneurs, le dimanche matin. Au milieu des antiquités aux prix exorbitants, de marchands de sandales à trois euros et toutes sortes d'objets hétéroclites, les touristes trouvent leur bonheur parmi les objets futiles et les Madrilènes parmi ceux peut-être plus utiles. On dit du Rastro que ce que l'on n'y trouve pas n'existe pas. Le marché, d'origine médiévale, a été nommé

CINTURONES
DE PIEL
5€y6€

Marché du Rastro

Ce marché, tout près de la Plaza Mayor, est un incontournable pour les Madrilènes et les touristes.

Puces du Rastro

Le dimanche matin, plus de 100 000 personnes se rendent au marché aux puces du Rastro pour chiner ou tout simplement se promener.

« Patrimoine culturel de la ville de Madrid ». Il est un incontournable pour qui visite la capitale.

Mettre en valeur des lieux abandonnés ou désaffectés : c'est la mission que se sont donnée les cinq garçons du collectif de quartier Boa Mistura. Je les aperçois au détour d'une petite rue où ils sont en train de finaliser un portrait mural. Ils se targuent d'offrir leurs œuvres gratuitement. Tout le monde doit profiter de ces sortes de signatures laissées sur les murs du quartier. Ils se sont éloignés du principe du graffiti pour réaliser des portraits en noir et blanc de personnes qu'ils rencontrent au hasard de leurs pérégrinations. Un jour, ils ont repéré la devanture d'un plombier. Elle méritait, selon eux, un « relookage ». Avec l'autorisation du propriétaire des lieux, ils ont transformé le rideau de fer devenu, depuis, un haut lieu du quartier, où l'on aime se faire photographier. Si leur art n'est pas toujours exercé en toute légalité, ils ont par ailleurs leur propre studio de création : la Fabrica de pepinos. Ces garçons, qui n'ont pas la langue dans leur poche, sont bien représentatifs de la jeunesse madrilène qui rêve de positiver le monde par tous les moyens. Je quitte ce « gang » joyeux et fort sympathique, pour une pause tapas bien méritée.

TAPAS

« J'affectionne tout particulièrement les repas faits de petites quantités et ponctués de pauses. Alors les tapas, c'est pour moi ! »

Estado puro

Chez Estado puro, les tapas, dont la fameuse tortilla déconstruite, relèvent des concepts issus de la cuisine avant-gardiste.

Je suis invitée à déjeuner par Ana, Madrilène de cœur et d'esprit. Nous nous attablons chez Estado puro, l'endroit branché du moment et le temple des tapas *fusion*. Le plafond et les murs sont recouverts de peignes à chignon dans le style des années 1950. La touche traditionnelle dans ce lieu ultra-moderne. De superbes assiettes sont posées sur notre table, dont l'une avec des *patatas bravas*, présentées en forme de dés de pommes de terre. Sur l'autre, des verres contenant « la tortilla du XXIe siècle », entendez déconstruite. Il s'agit, en fait, d'une mousse dans laquelle Ana me dit qu'il faut bien plonger sa cuillère jusqu'au fond pour en apprécier toutes les saveurs. Un vrai concept dans la lignée du cuisinier espagnol Ferran Adrià. Formé à la gastronomie catalane, il est l'un des disciples de la cuisine moléculaire, qu'il préfère qualifier d'avant-gardiste. Changements de texture et réactions chimiques ont donné naissance à ce courant expérimental à la fin des années 1980. Ma tortilla en est la parfaite illustration. Ana me raconte que *Tapar* signifie « couvrir » en espagnol. Autrefois, dans les bars, les verres étaient bouchés par une tranche de jambon ou de pain avec du fromage pour éviter que les mouches ne viennent y tomber. C'est ainsi que ces petites spécialités ibériques ont vu le jour et se retrouvent aujourd'hui dans quasiment tous les bars. Les heures de repas sont très différentes ici. Le déjeuner se prend autour de 14h ou 15h et le dîner à partir de 22h. Les tapas sont idéales pour combler les petits creux. En fait, elles font intrinsèquement partie du mode de vie des Madrilènes. Les chefs n'en finissent pas de mettre à l'épreuve leur imagination pour créer de nouvelles variantes.

En sortant de notre succulent déjeuner, nous passons directement chez Apunto, centre culturel du goût. Dans cette librairie où sont dispensés des cours de cuisine, nous faisons une dégustation d'huile d'olive. Je suis surprise qu'elle soit présentée dans des verres à pied. En fait, la démarche est proche d'une dégustation de vin. On m'invite à mettre tous mes sens en éveil pour décortiquer le produit. Nous commençons par observer sa limpidité, sa transparence, sa brillance et veillons à détecter la présence de particules en suspension. Ensuite, nous respirons l'huile pour la variété des saveurs, tournons le verre pour dégager les arômes et, enfin, nous goûtons. J'ai soudain l'impression d'être dans un champ, à la campagne. Voilà une expérience originale ! Je suis prête pour une petite sieste…

Au comptoir

Personne ne connaît vraiment l'origine des tapas. Mais une chose est sûre : elles se savourent debout, au comptoir.

JAMÓN Y QUESO !

LES ROIS DES TAPAS

Les tapas classiques sont souvent préparées avec du jambon et du fromage. Il existe deux grandes variétés de jambons espagnols : le *serrano* et l'*iberico*. Le premier, montagnard, est sans doute le plus connu. Sa chair extraite de porcs blancs est sèche. L'*iberico* est, lui, fabriqué à partir de porcs ibériques noirs. Dans cette variété, le Bellota figure en tête de liste en matière de qualité. À la fin de leur vie, les porcs sont nourris avec des glands.
Le fromage le plus célèbre d'Espagne, le Manchego, est produit avec du lait de brebis. Il laisse un goût légèrement salé et piquant.

FLAMENCO
ET SIESTA

« Chaussée de souliers à talon clouté, je fais une tentative timide, ne serait-ce que pour connaître la sensation que procure cette danse. Talon, demi-talon, à gauche, à droite… Ce n'est pas une grande réussite ! »

La sieste

L'oreiller cocon est l'une des nombreuses inventions originales pour profiter au mieux du moment sacré de la sieste.

Après le déjeuner, les rideaux tombent et les rues se vident. La sieste est une affaire sérieuse à Madrid, « le sport le plus pratiqué, après le football… ». Ignacio, horloger, me raconte que la bonne sieste ne se fait pas au lit, mais dans un fauteuil devant la télévision. Quinze à vingt minutes lui suffisent pour récupérer. Pedro, lui, explique, en riant, que l'idéal sur son lieu de travail, ce sont les toilettes. Et de dire : « Pour moi, l'Espagne ce sont les taureaux, la sangria, la plage et la sieste ! » Un credo un peu cliché, mais qui, finalement, ne me surprend pas.

À Madrid, des designers ont planché pendant un an pour résoudre une énigme : trouver la position la plus confortable pour dormir au travail. Ils ont créé une sorte d'oreiller cocon, dans lequel on glisse sa tête. Comme un animal qui se réfugie sous terre pour s'éclipser du monde. Le projet est toujours dans sa phase expérimentale. Au début du XXe siècle, les Espagnols déjeunaient vers midi. La précarité engendrée par la Guerre civile a décalé les horaires. Les moins privilégiés cumulent alors deux emplois et se

Le flamenco

Le flamenco est originaire d'Andalousie, mais les meilleurs spectacles sont toujours à Madrid.

Aficionados

Les posters montrant les danseurs de flamenco font le bonheur des aficionados collectionneurs.

reposent entre les deux. C'est ainsi que la sieste est devenue un plaisir quotidien.

Pendant que certains s'abandonnent à la sieste, d'autres se passionnent pour la danse. Andréas, venu d'Allemagne pour apprendre l'espagnol, s'est pris de passion pour le flamenco. À l'école de référence dans ce domaine, l'Amor de Dios, il pratique son « art universel » sept heures par jour ! Inlassablement, il martèle le parquet usé avec une grâce angélique sous l'œil, ô combien exigeant, de Candela, son professeur. « Il est persévérant et constant. Il atteindra son but avec de la patience et du dévouement. » Âgée d'une soixantaine d'années, élégante et d'une grande beauté, elle a appris le flamenco toute seule dès l'âge de treize ans. Elle ne pouvait pas imaginer faire autre chose dans sa vie.

Le regard

Dans le flamenco, toutes les parties du corps sont sollicitées. Le regard est aussi important que le mouvement des pieds...

Premiers pas

Difficile de faire les premiers pas... Il faut vraiment des années d'apprentissage pour savoir danser le flamenco.

Candela qualifie très clairement son enseignement de généreux et de dur. Tout le corps entre en jeu. Les mains et les pieds, bien sûr, mais aussi les yeux et les sourcils. Chaussée de souliers à talon clouté, je fais une tentative timide, ne serait-ce que pour connaître la sensation que procure cette danse. Talon, demi-talon, à gauche, à droite... Ce n'est pas une grande réussite ! Je comprends pourquoi le flamenco demande des années d'apprentissage. J'ai vu un spectacle dans un cabaret authentique. Une toute petite salle où l'on se sent tout proche des danseurs. Un lieu où, lorsqu'ils sont contents, les Gitans tombent la chemise, au sens propre du terme. J'admire la grâce des danseuses et la force qui se dégage des bras des hommes. Leur charisme est puissant. La salle est conquise par l'intensité, la volupté et le caractère passionnel de la danse. *Y yo también !*

LA MOVIDA

« En ce début des années 1980, le temps prend une autre dimension. Chaque moment est vécu dans l'intensité. Quarante ans de dictature laissent la place à la fête, folle et créative. »

Nuits madrilènes

La *Movida* est toujours bien vivante. Des jeunes viennent du monde entier pour vivre les belles nuits madrilènes.

La musique, la peinture, le graphisme, le cinéma remplissent les nuits madrilènes sans satiété. Tremplin vers la démocratie, la *movida* est en marche dans le quartier de Malasaña et gagnera toutes les grandes villes d'Espagne. Grâce à ce mouvement artistique et intellectuel, tout devient désormais possible, il suffit de réinventer le monde, sans tabous et avec une douce insolence. Un nouveau mode de vie émerge. La façon de s'amuser, de s'aimer, de s'habiller ou de créer est bouleversée. Pour les acteurs de ce vent de folie, la *movida* est précisément datée : elle commence en 1977 et se termine en 1983. Le gouvernement espagnol de cette époque y voit un formidable moyen de faire parler du pays. Les journalistes affluent du monde entier pour voir de près cette « révolution culturelle ». Ajo se souvient de ce climat de liberté. Pour elle, il n'est, alors, pas question d'idéologie ou de protestations, mais seulement de plaisir. Les frustrations et les anxiétés se libèrent. Aujourd'hui, les nuits sont moins excessives. « On ne peut plus boire ou danser dans la rue, mais les nuits restent éternelles ! »

À 21h, Madrid sort doucement de sa torpeur. Les enfants de ceux qui ont vécu la *movida* se préparent pour leur nouvelle aventure nocturne. Si Malasaña reste le symbole de la *movida*, d'autres quartiers comme La Latina, bohème, Sol, touristique, et Chueca, branché et hétéroclite, sont aussi le théâtre des nuits festives de la capitale. Selon la rumeur, il y aurait autant de cafés et de bars à Madrid que dans le Benelux !
La nuit tombe et la foule enfle de plus en plus.

Le réconfort

Après une nuit agitée, rien de mieux que des *churros* trempés dans un chocolat chaud et épais...

Chocolatería San Ginés
Pasadizo de San Ginés, 5
Madrid

CHURROS ET CHOCOLAT

LE DÉLICE MADRILÈNE

La chocolaterie San Ginés est la Mecque des noctambules madrilènes. Située près de l'église San Ginés, au coin de la Puerta del Sol et de la calle del Arenal, elle est spécialisée dans les *churros*. Ces beignets allongés, frits, moelleux et bien sucrés se trempent dans une tasse de chocolat chaud, épais et fort en goût. Peu importe d'avoir les doigts pleins de gras ! Cela fait partie du plaisir de la dégustation. Au petit matin, les fêtards viennent en nombre combler un creux dans cette *churrería*. Sinon, les *churros* sont un classique du petit déjeuner ou du goûter, que l'on trouve dans toute l'Espagne.

La fête

Les bars et les ruelles du Vieux Madrid où la fête bat son plein jusqu'au petit matin.

Miguel, chauffeur de taxi travaille depuis une dizaine d'années. Il explique le rituel : jusqu'à l'âge de 16 ans, les jeunes sortent dans leur quartier, là où ils se connaissent tous. Plus tard, ils commencent à choisir les endroits qui les inspirent davantage. Mais sortir à Madrid n'est pas une question d'âge. Dans le bar le Toni II, où l'on venait se distraire pendant la dictature, loin des censures, les nostalgiques se retrouvent. Depuis sept ans, Vanessa passe toutes ses soirées avec ses amis, autour de Jésus, pianiste depuis un quart de siècle dans ce cocon familial.

L'heure avance inexorablement. La rue est très vivante mais aussi tranquille. Je pensais que l'ambiance serait plus électrique. En réalité, elle est bon enfant. Les noctambules passent de bar en bar et inondent les trottoirs. À 2h30, les discothèques battent leur plein. Certains *clubbers* abrègent leur équipée au San Ginés pour savourer des *churros*. D'autres iront jusqu'au bout de la nuit.

Jérôme à LONDRES

S'il est une ville bien singulière en Europe, c'est Londres. En constante transformation, ses paradoxes – entre les fastes de la famille royale et l'ambiance funky des nouveaux quartiers – nous surprennent encore et toujours.

Trooping the colour
Le « salut aux couleurs » est une parade militaire annuelle qui, chaque année, célèbre l'anniversaire du souverain britannique.

Fish and chips
Pancarte pour un restaurant de *fish and chips*.

DE CAMDEN STREET À BANGLA CITY

« À ma sortie du métro, j'ai chaque fois l'impression de débarquer sur une autre planète : Camden Town, le royaume de l'excentricité. »

Dans ce quartier du nord de Londres se tient chaque week-end le plus grand marché aux puces de la ville. La culture punk a transformé Camden Street. Des dizaines de friperies et échoppes jalonnent la rue. Les tenues vestimentaires peuvent atteindre les sommets de l'originalité. « Il n'existe pas d'autres endroits comme Camden. » C'est ainsi que Nino, un Anglais de 47 ans, qualifie son quartier. Sa boutique vintage, située dans le Camden Market, une ancienne écurie, regorge de vêtements des années 1950, mêlés à d'autres carrément futuristes. Sur le marché, les boutiques proposent tatouages, piercing, lunettes à gogo et accessoires de mode plus insensés les uns que les autres… Des designers du monde entier viennent chercher leur inspiration dans ce haut lieu

Camden Market

Camden Market, le plus grand marché aux puces de Londres, attire une foule de touristes et d'adeptes des cultures underground.

Spitalfields Market

Situé à l'est de la capitale, Spitalfields Market est le paradis des *shoppers*. Abrité par un toit de verre, c'est un must les jours de pluie...

Temple Shri Swaminarayan

Inauguré en 1995, le temple hindou Shri Swaminarayan est construit en marbre blanc en provenance d'Inde, de Bulgarie et d'Italie.

de la culture alternative. Aux adeptes de la culture underground se mêle une foule de touristes, dont je surprends de temps à autre le regard interloqué…

Pour passer du Nord à l'Est, il suffit de prendre le *tube*, le plus vieux métro du monde qui permet d'aller absolument partout dans cette immense agglomération. Il faut juste un peu de patience. Les arrêts impromptus sont monnaie courante, ce qui fait grogner tous les Londoniens. Arrivé dans East London, je retrouve Éric Simon, un Français parmi les milliers vivant ici. Passionné de sa ville d'adoption, son attirance pour le rock et ses mystères l'ont guidé, il y a trente ans, de l'autre côté de la Manche. Personnage atypique et véritable encyclopédie sur la capitale, il m'emmène dans ses endroits préférés, comme Brick Lane. Nous faisons d'abord un tour du Spitalfields Market, anciens abattoirs, où sont regroupés de jeunes créateurs et artistes. Éric me réserve une petite surprise. Nous nous dirigeons un peu plus loin, vers Whitechapel. C'est là, dans la ruelle où nous sommes, que la première victime de Jack l'Éventreur fut retrouvée. Cet endroit semble ne pas avoir changé depuis cette époque. Sans autre transition, nous nous dirigeons vers le « paradis des saveurs ». Dans Fournier Street, des stands proposent des plats de toutes origines. D'un mètre à l'autre, les odeurs nous transportent sur tous les continents. À l'origine, ce quartier abritait une communauté protestante, des huguenots, ensuite juive et, maintenant, bangladeshi, d'où le nom « Bangla City » ou « Bangla Town ».

Pour un intermède de sérénité au milieu de l'agitation de la rue, nous entrons dans le temple Shri Swaminarayan, l'un des plus grands lieux de culte hindous hors du sous-continent indien. Un bijou d'architecture, construit à partir de matériaux naturels. Ce temple est un morceau de terre indienne en plein Londres.

Punk attitude

Lieu de la culture alternative, le Camden Market surprend parfois par le look improbable de ceux que l'on croise au hasard d'une rue.

Millenium Bridge

Depuis le bar de la Tate Modern, la vue sur la City et le Millenium Bridge donne une bonne idée de l'architecture hétéroclite de la ville.

ET COULE LA TAMISE

« Elle fascinait Claude Monet. Et elle n'a jamais cessé d'être adulée par les Londoniens. Il y a 50 ans, la Tamise était considérée comme morte. »

L'impitoyable pollution avait fait son travail jusqu'à l'extrême. Mais aujourd'hui, fini le *fog* mythique et les déchets sur ses rives animées. Les Londoniens sont repartis à la conquête de celle qui, selon eux, coule dans leurs veines. La rivière se jette dans la mer du Nord à environ 90 km et, de fait, les marées sont étonnantes. Les plus fortes entraînent un retrait des eaux de plus de six mètres. Qu'il pleuve (ce qui arrive souvent…), qu'il vente ou qu'il neige, Marc et ses amis prennent leurs rames trois fois par semaine, au petit matin, pour pratiquer l'aviron, leur sport favori, pendant plus de deux heures. Chaque année, les étudiants des prestigieuses universités de Cambridge et d'Oxford s'affrontent sur la Tamise. La compétition visible, notamment du Thames Rowing Club, est prise très au sérieux par les Londoniens.

Dans les années 1980, les lofts luxueux et les restaurants ont remplacé les entrepôts. Les bords de la rivière sont devenus des lieux très vivants. Plus de 160 km de voies aménagées pour les promeneurs, les cyclistes ou les artistes. Sur ces berges, l'activité est incessante. À marée basse, des fouilles archéologiques sont menées avec des touristes, comme une chasse aux trésors. Quelque 10 000 ans d'histoire sommeillent sous leurs pieds… Ailleurs, des bénévoles nettoient les îlots pour en faire des petits paradis flottants. Difficile d'imaginer que, dans la deuxième moitié du XIXe siècle, la Tamise était un égout à ciel ouvert, recevant toutes les eaux usées de la ville. Les notables quittaient Londres et sa puanteur. Dans les années 1970, au moment du grand nettoyage,

En circulation

Taxi en circulation vers Big Ben et le Parlement à Whitehall.

certificat d'aptitude serait né d'un mécontentement des Londoniens sur la capacité des chauffeurs de la voiture noire à trouver leur chemin. Dans ce véhicule, si emblématique du paysage londonien, une famille de cinq personnes avec bagages peut s'engouffrer. Mais il évolue avec son temps. Son look n'est plus tout à fait le même. Pollution oblige, un nouveau modèle « plus propre » est désormais en circulation. Les temps changent aussi dans les habitudes des *cabbies*. Les petites maisonnettes vertes, leur jardin secret traditionnel, sont en train de disparaître. À la fin du XIXe siècle, alors que les taxis étaient des voitures tirées par des chevaux, ces *cabbies shelters*, comme ils se nomment, servaient d'étape pour le repos des animaux et la pause déjeuner des hommes. Il ne reste qu'une douzaine de ces cantines appartenant, depuis leur origine, à une association de bienfaisance. Encore aujourd'hui exclusivement réservées aux chauffeurs de taxis, ces drôles de cabanes, où à peine une petite dizaine de personnes peuvent tenir, trônent parfois au milieu de la chaussée. Certaines, dotées d'une ouverture sur le devant, proposent des plats à emporter pour tous. Mais attention, il n'est pas question de pénétrer dans ce domaine privé où les *cabbies*, surtout les anciens, se retirent pour prendre leur repas, échanger avec les collègues et refaire le monde. Celui du temps passé.

PEARLY QUEENS & KINGS

COMPLÈTEMENT COUSUS !

Les rois et les reines de nacre sont visibles dans les rues de Londres depuis 1875. Tout juste adolescent, Henry Croft, eut l'idée de coudre des perles sur ses vêtements pour attirer l'attention dans le but de récolter de l'argent pour les plus démunis. La tradition perdure. Les *Pearly Queens and Kings*, dont le costume peut compter plus de 20 000 perles de nacre, sont présents dans les festivals et les manifestations dédiées aux œuvres de charité. C'est bien de leur donner la pièce, car ce sont le plus souvent des bénévoles, dévoués à la cause des autres. Certains de ces personnages hauts en couleur, parfois très âgés, pourraient gagner la palme de l'excentricité. Chapeautés et gantés, ils font vraiment partis du décorum londonien.
Tout comme les *cabbies* !

L'ÉTERNEL CHEVAL

« Je suis toujours étonné de voir ces magnifiques créatures à la robe luisante rester calmes au milieu de ce véritable capharnaüm urbain. »

Club équestre

Le Ross Nye Stables est l'un des nombreux clubs équestres londoniens où l'on peut monter dès 7h le matin.

À Londres, rien n'est incongru. Comme, par exemple, une ferme à quelques rues de Big Ben. Créée en 1984, la Hackney City Farm est le lieu le plus improbable dans un environnement aussi urbain. Chris, son gérant, est dévoué corps et âme à ce projet pédagogique : apprendre aux citadins, surtout aux plus jeunes, à connaître la provenance de ce qu'ils ont dans leur assiette. Au risque de blesser Chris, il ne faut pas confondre cette ferme avec un zoo. Toutes sortes de fruits, de légumes et de fleurs se cultivent sur cet ancien site industriel. Des bénévoles, pour la plupart des personnes en insertion, viennent récolter tous ces produits pour leur propre consommation. Dans cette oasis de verdure, au cœur de l'une des plus grandes capitales du monde, les poules caquettent en liberté aux côtés des canards, des oies ou de quelques ânes... Je chausse des bottes de fermier pour aller rendre visite aux quatre cochons, dont Henry, que je finis par nourrir. Au total, plus de 200 animaux vivent à la ferme à l'exception de vaches et de chevaux, faute d'espace. Environ 50 000 personnes visitent chaque

Présence royale

Lorsque la Reine est à Londres, la troupe des Horse Guards est accompagnée d'une trompette et d'un porte-étendard.

année la petite ferme londonienne. À sa grande fierté, Chris a même eu l'occasion de recevoir le prince Charles et Camilla…

Si les chevaux n'ont pas trouvé de place dans la ferme, ils sont toutefois bien présents dans la ville. Londres a toujours entretenu une tradition équestre, sous toutes ses formes. Il y a un siècle, 300 000 chevaux travaillaient au service des Londoniens, en tirant les voitures, les bateaux ou les trams. Aujourd'hui, il en reste 3 000, dont beaucoup viennent trotter dans Hyde Park. Hormis les écuries du parc, il existe bien d'autres clubs équestres, comme le Ross Nye Stables. Les chevaux sortent par tous les temps. Les férus d'équitation viennent monter dès 7h le matin, lorsque la circulation est encore supportable. Comme le dit si bien une cavalière rencontrée au club : « Il n'y a qu'à Londres où l'on peut monter à cheval au petit matin avant d'aller travailler et se rendre à l'opéra le soir ! » *So british*…

À Saint-James's Park, cheval rime avec royal. C'est là que, chaque jour en fin de matinée, s'effectue la relève de la garde. La cavalerie de la Maison royale, équivalente à notre Garde républicaine, se charge de la protection de la Reine et des bâtiments royaux. Depuis 350 ans, les Horse Guards accompagnent les têtes couronnées lors des festivités. Un régiment ultraprotocolaire. Autre scène très emblématique de Londres : la police montée. Londres est un peu comme une pochette surprise. On ne sait jamais ce qui pourrait se passer au coin de la rue.

SI ROYALE !

« L'attachement du peuple britannique à sa royauté est unique en son genre. »

Pour devenir une telle pointure, il fallait bien qu'Étienne Pradier commence à faire des tours dès son plus jeune âge. Il laisse pantois tous ceux qui ont la chance d'assister à l'un de ses spectacles de magie rapprochée. Sa créativité et son incroyable habileté font de lui l'un des plus grands magiciens actuels.

Buckingham Palace

Buckingham Palace, la demeure royale londonienne officielle dans le quartier de Westminster.

Installé à Londres, il est régulièrement demandé par la famille royale... Un Français expatrié devenu un vrai prince !

Dans la même journée, toutes sortes de personnes, comme Étienne, me ramènent d'une façon ou d'une autre à une histoire concernant la famille royale. L'attachement du peuple britannique à sa royauté est unique en son genre. Je le constate en visitant un atelier de fabrication de porcelaine. Ici se cultive une tradition du XVIIIe siècle, à savoir l'édition de tout un service à l'occasion de chaque événement royal. Les ventes rapportent environ 600 millions d'euros par an ! Les collectionneurs ne ratent pour rien au monde une occasion. C'est le cas de Margaret, une amoureuse inconditionnelle de la royauté. Dans sa maison, ahurissante, je ne sais plus où donner de la tête. Elle possède plus de 10 000 objets à l'effigie de la famille royale. Photos, tasses à café, livres, dessins,

torchons, coussins… Le kitch dans toute sa splendeur, jusque dans sa *kitchen* (cuisine). L'une des pièces de cette petite demeure est entièrement consacrée au culte de Lady Diana. Une vision rare ! Margaret voue toute sa vie à la royauté. « La royaliste loyale », comme elle se surnomme elle-même, fait visiter sa maison à qui le veut. Bien entendu, son rêve serait de voir, un jour ou l'autre, l'une des têtes couronnées à sa porte.
Si Margaret pouvait vivre dans le palais de Buckingham, elle serait aux anges. La résidence officielle de la famille royale compte 775 pièces. La salle de bal, la salle du Trône,

Royale apparence
À chacune de ses apparitions, la reine Elizabeth II prend grand soin de son apparence et plus particulièrement de ses chapeaux.

Prête à tout
Margaret, passionnée par la famille royale, se dit prête à tout pour les têtes couronnées.

la salle de musique… Plus de 400 personnes travaillent au palais, qui renferme une collection d'objets d'art exceptionnelle. Le jardin privé, situé derrière le bâtiment, est le plus grand de Londres. Tous les jours de la semaine, devant Buckingham Palace, un événement majeur attire une foule de touristes : la relève de la garde royale. Coiffés de leur fameux chapeau en poils d'ours, les militaires effectuent à pied le trajet depuis le palais Saint-James pour rejoindre la résidence de la reine et assurer le relais. Ce sont, sans doute, les hommes les plus photographiés de la planète ! Même si c'est un cliché, je trouve toujours cette parade très amusante. Pour aller au bout du devoir de touriste, il faut également jeter un coup d'œil au drapeau. Si l'étendard royal flotte, c'est que sa majesté est présente dans l'enceinte du palais. Information non négligeable.

Armoiries

Les armoiries du portail du palais de Buckingham, la résidence londonienne officielle de la monarchie.

L'heure de la relève

Une foule de touristes assiste chaque matin, à 11h, à la relève de la garde royale. Mieux vaut s'y rendre avec une bonne avance.

LE *BEARSKIN*

UN CHAPEAU CONTROVERSÉ

Son nom annonce tout de suite la couleur : le *bearskin*. Ce chapeau célèbre dans le monde entier est confectionné en poils d'ours. Haut de trente centimètres, il coiffe la tête des 3 500 militaires appartenant à cinq régiments d'infanterie. Fourni depuis presque 200 ans par le gouvernement canadien, ce chapeau de parade fait l'objet de sérieuses critiques. Il est dit que seule la fourrure des ours noirs tués accidentellement est utilisée. Des associations de défense des animaux ainsi que des membres du parlement contestent vigoureusement cette version. L'armée britannique tente depuis longtemps de trouver une solution de remplacement. Une fourrure synthétique, par exemple. La solution n'a pas été retenue pour une cause essentielle : la pluie.

PUB STORY

Culture pub

La culture du pub n'épargne aucun Londonien. C'est un vrai lieu de convivialité.

« S'il y a une chose que j'apprécie particulièrement à Londres, c'est d'aller boire une bière dans un pub. La deuxième religion des Anglais. »

Plus qu'un simple bar ou brasserie, le pub sert à tout : parler, boire, manger, se détendre, écouter de la musique, jouer aux fléchettes, aux cartes ou au billard. C'est LE lieu de rencontre où tout le monde peut se parler en toute convivialité. En hiver, il fait bon se blottir dans un bon gros canapé recouvert de velours, devant un feu de cheminée, une bière anglaise et une assiette de *fish & chips*. Dans la décoration, souvent baroque, la moquette joue un rôle de premier ordre. Souvent rouge ou verte, bien épaisse, elle donne cette impression de confort qui me met tout de suite à l'aise en entrant dans le pub. Lors de ma première visite à Londres (j'étais encore étudiant), mes amis se sont bien amusés. Ils m'ont laissé attendre un serveur indéfiniment jusqu'à ce que mon impatience n'y tienne plus… avant de m'expliquer, fiers de leur coup, le mode d'emploi :

Passer commande

Dans un pub, pas question d'attendre un serveur. Il faut forcément se rendre au comptoir pour passer sa commande.

« Inutile d'attendre, il ne viendra jamais ! Il faut passer ta commande au bar et transporter tes propres consommations (boissons ou plats). » J'ai depuis appris à jouer des coudes sur le zinc...

Les Londoniens discutent beaucoup de la progressive disparition des pubs. Le prix de la pinte ne cesse d'augmenter. La bière, très bon marché, a toujours été l'une des raisons d'aller au pub. L'époque est révolue tout comme celle des contraintes horaires. Depuis 2005, les bars peuvent rester ouverts tard, parfois même toute la nuit. Jusque-là, l'heure de fermeture était stricte : 23 heures avec un *last call* pour le dernier verre. La nouvelle réglementation fut une révolution dans la vie nocturne londonienne. Si la musique de pub couvre tous les genres, les aficionados de soirées 1950 ou 1960 ont leurs repères bien à eux. Nino, le DJ vintage pour ne pas dire *old school*, y organise des fêtes régulièrement. Les filles disent se sentir de vraies femmes lorsqu'elles s'habillent avec des tenues de ces époques. Certaines vivent les *fifties* au quotidien. Vêtements, coiffures, chaussures, jusque dans la décoration de leur appartement... Elles se sentent bien dans leur temps tout en vivant sur un mode passé. Aux côtés de ces nombreux lieux très typés cohabitent des salles de karaoké, des scènes punks et gothiques, ou encore des bars sur des thèmes bien spécifiques comme celui du film *Grease*. Tout le monde se mélange à souhait dans n'importe lequel de ces endroits. Pas de sectarisme ! Au *Rock a Lula*, les puristes m'ont invité à essayer avec eux le *hula hoop* sur un vieux standard de *fifties* : « *Ain't it a shame* » de Fats Domino. C'est exactement l'état d'esprit que j'apprécie à Londres.

LONDRES PRATIQUE

Depuis la fin des années 1980, Londres est devenue un véritable pôle d'attraction économique et artistique. Cosmopolite par excellence, elle rassemble plus de cinquante nationalités. À deux heures de Paris, en Eurostar, la capitale britannique offre une ébullition perpétuelle, que l'on soit amateur de musées, d'histoire, de shopping, de luxe ou de fripes, ou encore de vie nocturne. Depuis dix ans, la ville s'est engagée dans une véritable réhabilitation de certains quartiers. Son nouveau visage architectural, résolument moderne, n'altère en rien sa facette si verdoyante. Seul point noir de la mégapole : son niveau de vie élevé.

Superficie : 1 706 km²

Population : 7,7 millions d'habitants

Régime politique : monarchie constitutionnelle

Religion : anglicane

Langue : anglais

Monnaie : livre sterling (£)

Horaires d'ouverture

Les magasins ouvrent leurs portes de 9h30 à 18h du lundi au samedi avec des nocturnes jusqu'à 20h les mercredis ou jeudi selon les quartiers. Le dimanche, seules quelques enseignes sont ouvertes. Les restaurants servent, dès 17h, des menus à bas prix appelés *early birds*, ainsi que des *happy hours*.

Climat

Londres, à l'image du pays, connaît un climat tempéré. Les précipitations, courantes tout au long de l'année, invitent à entrer dans le pub du coin.
Le climat est très comparable à celui de Paris.

Coût de la vie
L'hôtellerie est hors de prix à Londres. Pour déjeuner, les pubs offrent de bons repas copieux et peu onéreux. En revanche, pour dîner, il faut compter une moyenne de 30 euros sans les boissons ni le pourboire (de 12 à 15 % de la note totale). La nuit, les prix sont majorés d'environ 25 %.

Transports
Le métro reste sûrement le meilleur moyen de se déplacer. La *One-Day Travelcard* permet d'emprunter tout le réseau londonien (bus et métro) sur les six zones. Il vaut mieux éviter de venir avec son propre véhicule. Les taxis sont nombreux, mais les prix assez prohibitifs. Éviter les taxis « clandestins », très nombreux et aucunement typiques....

Hébergement
Les hôtels, même à des prix prohibitifs, sont pris d'assaut toute l'année. Il est souvent nécessaire de s'éloigner en proche banlieue pour trouver d'accueillants *Bed & Breakfast* aux prix modérés, souvent tenus par des personnes charmantes, aux petits soins pour vous. Les auberges de jeunesse du centre ville offrent, en revanche, tout le confort pour des prix raisonnables. Les établissements proposent des tarifs dégressifs en fonction du nombre de nuits passées sur place.

Gastronomie
La palette de choix des cuisines internationales du plus simple au plus sophistiqué est infinie. Les pubs sont l'idéal pour connaître la cuisine anglaise. Le *fish & chips*, au rapport qualité/prix imbattable, reste le lieu le plus couru par les Londoniens. Petit plus appréciable : pratiquement tous les restaurants proposent un menu végétarien.

Les lieux
Londres est une mosaïque de plusieurs petits quartiers ayant chacun sa propre histoire. Les promenades thématiques sont un bon moyen de les découvrir : Jack l'Éventreur à travers Whitechapel, le quartier juif, Shakespeare et Dickens, Diana – princesse de Galles, Sherlock Holmes ou les pubs de la Tamise...

La ville verte
La ville est ponctuée de nombreux parcs, dont Green Park et Saint-James's Park, pris d'assaut en été. Sans oublier le mythique Hyde Park, le plus vaste de la capitale.Il est classé parmi les huit parcs royaux d'Angleterre. La municipalité a mis en place un système de péage à l'entrée de la ville pour tenir à l'écart une bonne partie des automobilistes qui préfèrent alors le métro et, depuis peu, la bicyclette.

Shopping
Les marchés sont probablement les meilleurs lieux pour découvrir la vraie vie des Londoniens. Bobos, punks, familles ou banquiers de la City sans cravate s'y rendent chaque week-end.

Sophie à BERLIN

Berlin a tout d'un grand terrain de jeu ! Le souffle de liberté qui règne ici attire le monde entier. Destination tendance et avant-gardiste, nouveau berceau de la tolérance, capitale et marginale, elle n'a pas pour autant étouffé le passé, toujours si présent.

Berlin sur Spree

La Spree et le Ministère fédéral de l'Intérieur de l'architecte Kühn Bergander Bley, vus depuis le pont Moabiter.

La Victoire

L'Amour victorieux de Caravage exposé à la Pinacothèque du Forum de la culture.

LE MUR

« Je ne dirais pas que Berlin est une jolie ville, mais son histoire et sa culture, tellement intenses, la rendent belle. »

En voyant la porte de Brandebourg, les images mémorables de ces milliers de jeunes assaillant le Mur me reviennent à l'esprit. La séparation de la ville reste très présente dans les mémoires, comme une sorte de tatouage indélébile. À Checkpoint Charlie, autrefois un point de contrôle, devenu aujourd'hui une attraction touristique, j'imagine toutes ces familles séparées du jour au lendemain et la naissance de deux mondes de chaque côté d'un mur. Les Berlinois de l'Ouest pouvaient passer 24 heures à l'Est, mais devaient payer une somme équivalente à douze euros actuels par jour et par personne. « Comment cela a-t-il été possible ?... » Cette question me trotte sans cesse dans la tête. Aujourd'hui, il reste quelques bouts de mur ici et là. Un morceau de deux cents mètres de long a donné l'idée à Günter, photographe, de créer la *East Side Gallery*, la plus grande galerie à ciel ouvert au monde. Depuis vingt ans, une toile géante, ouverte à tous, représente, dans sa vision, un monument contre l'oubli. D'une histoire noire, les artistes sont parvenus à réaliser quelque chose de positif. Il existe tant d'histoires dans l'Histoire,

Souvenirs

Dans certaines parties de la ville, il reste des traces indélébiles du Mur.

Contre l'oubli

Un résidu du Mur, long de 200 m, est devenu un véritable monument contre l'oubli. Des centaines d'artistes s'y sont exprimé.

Checkpoint Charlie

Checkpoint Charlie sur Friedrichstrasse, était le point de passage entre le secteur américain et le secteur soviétique.

parfois bouleversantes. Par exemple, le jour de la chute du Mur, Marika, artiste peintre, dit avoir ri d'un œil à l'idée de vivre dans un monde plus libre et pleurer de l'autre parce que sa vie d'artiste allait devenir beaucoup plus difficile avec le fulgurant effondrement de l'économie de l'Est. L'heure des petits boulots pour survivre venait de sonner. D'autres, en revanche, se sentent parfaitement intégrés dans l'Allemagne unie, dont ils ont réalisé les avantages. Sandrine, une Française vivant à Berlin, me conduit devant une grille, près de la place de Paris, située alors à l'Est, où sont accrochées des croix commémoratives en souvenir des personnes tuées alors qu'elles essayaient de franchir le Mur. Existe-t-il désormais une frontière virtuelle entre l'Est et l'Ouest ? La réponse de Sandrine est clairement « oui ». Cette différence, pleine de subtilités, passe inaperçue lorsque l'on ne fait que passer à Berlin. Elle est inscrite dans les mentalités et dans la qualité de vie. Apparemment, lorsque l'on est de l'Est, on reste de l'Est... Finalement, la plupart des Berlinois restent là où ils sont nés et où ils ont grandi. Je ne pensais pas que les mouvements d'un côté à l'autre étaient aussi restreints. On ne peut pas vraiment imaginer ce que représentent vingt-huit ans de vie derrière un mur. Les cicatrices sont omniprésentes. Il me semble important de connaître cette histoire pour comprendre la ville aujourd'hui. Je suis prête maintenant pour aller de l'avant et faire connaissance avec le Berlin bouillonnant.

Baiser historique

Dans le quartier de Friedrichshain, un vestige du Mur devenu célèbre grâce au baiser de Leonid Brejnev et d'Erich Honecker.

Témoignage

Pour la jeunesse allemande, le Mur est sans doute le témoignage des années de Guerre Froide le plus parlant.

Historique

Une scène inoubliable de 1989 : des Allemands de l'Est et de l'Ouest escaladent le Mur, à la porte de Brandebourg.

LE MUR DE BERLIN

LA FIN DU « RIDEAU DE FER »

Le Mur de Berlin, projet secret du gouvernement de la RDA, est érigé dans la nuit du 12 au 13 août 1961. Le « Monde libre » ne fait rien pour empêcher cette opération, considérée par John F. Kennedy « préférable à une guerre ». Des millions de Berlinois se retrouvent désormais divisés entre deux secteurs : Berlin Ouest et Berlin Est. Haut de 3,50 m, parfois plus, le Mur s'étend sur 155 km de frontière, uniquement pour la ville. Tout le pays sera très rapidement divisé en deux. Entre 1961 et 1988, plus de cent mille Allemands de l'Est ont tenté de franchir le Mur. Pour la seule ville de Berlin, on estime à plus de deux cents le nombre de personnes tuées par les gardes-frontières de la RDA. Au cours de l'année 1989, les signes de changement se manifestent dans plusieurs pays satellites de l'URSS. Après 28 ans de tensions, le « rideau de fer » tombe le 9 novembre 1989. Dans la nuit, la nouvelle se répand comme une traînée de poudre, et des centaines de milliers de Berlinois passent la porte de Brandebourg. Le grand violoncelliste, Mstislav Rostropovitch, présent à Berlin ce jour-là, vient jouer au pied du Mur alors que les coups de marteaux retentissent.

BERLIN
VILLE OUVERTE

« Ville en pleine mutation, Berlin a repris son statut de capitale et l'envie des Berlinois d'en profiter et d'avancer est sans cesse palpable. »

Renouveau architectural

Inaugurée en 2006, la nouvelle gare centrale de Berlin incarne le renouveau architectural de la ville.

Tous les ans, huit millions de visiteurs viennent s'imprégner de cette ambiance. Chaque moment de l'histoire de la ville s'est imprimé dans la pierre comme les pièces d'un puzzle. J'ai toujours été intéressée par l'école du Bauhaus, ce mouvement des années 1920 qui, pour la première fois, combinait l'esthétique et le fonctionnel. Les bâtisseurs, suivis par des peintres comme Kandinsky ou Klee, ouvrent alors les portes de la construction moderne et révolutionnent l'architecture. Mais les conservateurs ne supportent pas cette vision trop novatrice à leur goût. Le mouvement connaîtra une vie courte.

Après la chute du Mur, la nouvelle capitale de l'Allemagne réunifiée, grande comme huit fois Paris, devient le plus grand chantier européen. Peu de villes peuvent se targuer d'avoir autant changé en l'espace d'une décennie pendant laquelle des centaines de grues ont marqué le paysage de la ville. Des architectes venus du monde entier, dont Jean Nouvel, participent à la reconstruction de Berlin. Un projet titanesque pour créer notamment les ministères, les ambassades et le palais du Reichstag, devenu le Parlement.

Ce monument, incendié pendant la Seconde Guerre mondiale, a gardé son style néoclassique, à l'exception de la fameuse coupole de verre, dont la visite demandait des heures d'attente. Ce qui, fort heureusement, n'est plus le cas aujourd'hui. À l'est de la porte

Coupole du Reichstag

L'intérieur de la coupole du Reichstag est dominé par un cône tapissé de miroirs conduisant la lumière dans l'enceinte du bâtiment.

Inauguré en 2005, après un long processus, par Gerhard Schröder, il suscite autant d'émotions que de réflexions controversées. Pour ce jeune lycéen que nous croisons, il est très abstrait. Esthétique, certes, mais il n'invite pas forcément à la réflexion. Cet homme d'une cinquantaine d'années donne son avis en toute tranquillité : aucun message pédagogique, ce serait trop pesant ; aucun texte pour induire ce que l'on doit penser, c'est à nous de réfléchir.
L'architecture du lieu provoque toutes sortes de polémiques. Implanté sur une place publique, beaucoup de gens le traversent sans nécessairement se demander où ils sont. La mise en valeur des lieux cultivant la mémoire collective se pose très sérieusement à Berlin. Ce fut le cas de l'ancien quartier général de la Gestapo. Pendant longtemps, les protagonistes ne pouvaient pas s'entendre sur le devenir d'un tel bâtiment. Finalement, en 2010, il a été transformé en musée sur les crimes nazis, baptisé « Topographie de la terreur ». Il me semble que le fait de donner une nouvelle vie à tous ces lieux est un très bon moyen d'aller de l'avant. J'avoue que ce n'est pas tout à fait ce que j'ai ressenti en visitant les abris atomiques uniquement réservés aux Berlinois de l'Ouest et découverts après la chute du Mur. Un endroit qui fait froid dans le dos. Nous en sortons pour déboucher directement dans le couloir du métro…

AMPELMANN

SACRÉ PETIT BONHOMME !

Ampelmann, le petit bonhomme vert ou rouge, emblématique de l'ex-RDA, connaît une deuxième vie. Les « petits bonshommes du feu » (*Ampelmännchen*) figurent sur les feux de signalisation pour piétons. En 2004, le petit homme au chapeau, aux allures de nain de jardin, devait disparaître au profit de son homologue ouest-allemand, commun à toute l'Europe. De vives protestations pour préserver ce symbole de l'identité est-allemande ont dégénéré en une véritable affaire d'État et une dispute sur ses droits de commercialisation. À la suite de cette bataille gagnée pour les *Ossies* (Allemands de l'Est), Ampelmann est devenu un objet de culte. Trois magasins lui sont totalement dédiés et se partagent le marché désormais très lucratif.

Pour mémoire

Le mémorial de l'Holocauste, constitué de 2 711 stèles de béton, a été conçu par l'architecte Peter Eisenman.

LA BIO ATTITUDE

« Berlin se targue d'être la capitale européenne la plus verte. Environ 20 % de sa superficie sont occupés par des espaces verts. »

Plus de deux mille oasis de verdure ! Forêts, parcs et jardins familiaux tranchent de façon étonnante avec le développement urbain de ces dernières années. Entre les îles, les lacs et les collines, les lieux de récréation pour se détendre semblent infinis. L'envie de campagne des Berlinois peut se satisfaire en pleine ville. Tout ici se prête à la balade à pied ou en bateau sur la rivière Spree. La bicyclette remporte sans doute la palme d'or. La ville assez plate favorise le cyclisme, sans compter la relation de tolérance avec les automobilistes. De même, pas de problème pour ranger son vélo. La majorité des cours d'immeuble sont équipées d'un parking. Compte tenu des très grandes distances en ville, les transports en commun – trams, métros ou trains – disposent d'un espace à vélo. Il suffit de régler un petit supplément. Les pistes cyclables foisonnent un peu partout, tout comme les arceaux permettant de garer son engin. Bref, un vrai paradis pour les adeptes de la petite reine, y compris les touristes pour qui la location est un jeu d'enfant. Tiergarten, le poumon du centre de Berlin est un espace de rêve pour faire du vélo, mais aussi pour un barbecue entre amis ou en famille. On peut même faire du naturisme. La toute proche forêt de Grunewald est tout

Bio attitude

Pour nombre de Berlinois, très axés sur l'écologie, la bio attitude est loin d'être un vain mot.

Parc de Tiergarten

À l'origine une réserve de chasse des princes de Prusse, le parc de Tiergarten est désormais une oasis de verdure en plein centre-ville.

aussi agréable. C'est la première fois que je me trouve dans une ville aussi verte et où l'on peut s'échapper de l'agitation avec autant de facilité. S'ils ont parfois un côté *peace and love*, un look un peu hippy, punk ou New Age, toutes les catégories sociales adoptent de plus en plus une démarche de développement durable. Et sans tomber dans l'excès, car pour certains, la bio attitude 100 % va jusqu'au choix des amis… bio. Depuis 2008, une zone verte couvrant une grande partie du centre de la ville exige, pour pouvoir y circuler, une pastille verte sur le pare-brise. Cette restriction éloigne les vieilles voitures polluantes. En réalité, celles-ci ne représentent que 3 % du million de véhicules existant. L'écologie urbaine n'est pas un vain mot ici. Les demandes de maisons où tout est pensé pour économiser de l'énergie sont en pleine croissance. Quelques citadins chanceux vivent dans de petites colonies vertes où il fait bon cultiver son jasmin et ses tomates. D'autres, plus rares, possèdent une ferme à quinze minutes du centre-ville. Dix hectares pour quelques légumes bio et des balades à cheval… S'il existe un endroit où l'expression « se mettre au vert » prend tout son sens, c'est Berlin !

LA CULTURE UNDERGROUND

« D'espace fermé, la ville est passée à celui de scène ouverte, où l'impression que tout est possible – même les choses les plus folles – domine. »

Art moderne

Dans une vieille bâtisse qui a survécu à un ordre de démolition, l'un des plus grands centres d'art moderne à Berlin.

Underground, au sens propre comme au figuré, Berlin fut le rendez-vous des artistes et des intellectuels, dont beaucoup s'opposèrent au régime fasciste. Aujourd'hui, libérée de ses carcans, la ville accueille toutes les diversités. Ce n'est pas un hasard que le seul musée au monde sur l'homosexualité se situe à Berlin. Dans cet immense melting-pot d'étudiants, de peintres, de musiciens, de photographes, on estime à 12 000 le nombre de Berlinois travaillant uniquement dans l'univers du design, de la mode à l'architecture. Les artistes investissent des lieux et, au gré de leur inspiration et des modes, migrent d'un quartier à l'autre. Les *performers* dénichent des usines désaffectées pour partager des expériences sonores et visuelles. Dans le Studio 23, l'un des clubs les plus connus, se mélangent galeristes

Laboratoire de créativité

Après la chute du Mur, la ville est devenue un laboratoire de créativité pour les artistes.

d'un soir et musiciens au look improbable. Après la chute du Mur, la municipalité a laissé naître ce que l'on a appelé à l'époque « la subculture ». Un peu moins importante aujourd'hui, elle perdure toutefois dans l'arrière-cour de certains immeubles, transformés en lieux expérimentaux, véritables labyrinthes artistiques. Toujours éphémères, car les talents ont besoin de bouger sans cesse pour rester créatifs. Un nombre important de Français ont choisi de s'expatrier à Berlin. La ville est agréable à vivre, peu onéreuse, facilement accessible et, surtout, représente une émulation artistique multiculturelle unique en Europe.

Le dimanche matin, la scène créative se réveille dans le quartier de Boxi. Un café et quelques harengs sur du pain noir pour le brunch, et tout le monde fait son tour rituel des puces. Familles, punks aux tatouages spectaculaires, étudiants, quinquagénaires marginaux, tous déambulent dans les allées où les stands de créateurs étalent des choses parfois surprenantes sur leur table. Tout se récupère, même les boutons de machine à écrire montés en bagues ou des boîtes en bois sur lesquelles se figent des peintures de monstres, inspirés par *La Guerre des étoiles*. Dans tout le quartier, les graffitis apportent une sensation de vie colorée et joyeuse. Les peintures murales foisonnent dans la ville. Surtout « à l'Est ». Si la scène artistique existe aussi « à l'Ouest », elle est clairement plus conventionnelle et met en avant des artistes de renom. Mais le mélange des deux me semble, là encore, témoigner de l'ouverture et de la liberté d'expression berlinoises.

Love parade

Un tour dans le quartier de Boxi, le dimanche matin, donne un délicieux aperçu du vivier créatif que représente Berlin.

DES INSOLITES BERLINOIS

Trabant

La Trabant connaît un deuxième souffle. Elle sert à promener les touristes… dans un bruit d'enfer !

« À Berlin, on peut vraiment dire que l'imagination est au pouvoir ! Mon parcours des insolites me l'a démontré… »

À commencer par un tour de la ville dans une Trabant. Elle fait un bruit de Boeing, ressemble à un pot de yaourt et tourne grâce à sa mécanique d'une simplicité déroutante. Cette petite automobile économique et robuste a marqué le paysage de la RDA pendant toute la guerre froide. Elle a quasiment disparu au début des années 1990. Et aujourd'hui, cette icône du monde communiste est devenue une voiture culte, bichonnée par ceux qui la possèdent encore. J'ai l'impression de faire un tour de manège…
De là, un détour par le musée gay, seul et unique musée au monde sur l'homosexualité. Le Schwules Museum aborde le sujet à travers l'histoire, depuis la mythologie jusqu'à la persécution sous le régime nazi et la naissance des mouvements minori-

Sandsationnel

Chaque année, les organisateurs du festival Sandsationnel proposent un thème différent aux artistes venus du monde entier.

taires. Une exposition permanente intitulée « Conscience de soi et de l'endurance : 200 ans d'histoire gay » couvre les événements majeurs de la communauté gay jusqu'en 1990. En parallèle sont présentées des expositions temporaires axées sur l'art.

Je n'ai pas la chance d'être ici en été, mais, sur un tout autre registre, j'apprends que chaque année se tient le Sandsationnel. Un festival pas comme les autres. En été, des sculpteurs, venus à Berlin du monde entier, créent, en public, des œuvres monumentales… en sable. Les sculptures peuvent atteindre des hauteurs allant de cinq à douze mètres.

Je poursuis mon périple bien particulier par une visite du Propeller Island City Lodge, un hôtel hors norme au cœur de Berlin. Lars Stroschen, son concepteur, rêvait de créer un musée. Finalement « l'œuvre d'art » s'est déclinée en 40 chambres où l'on peut vivre ses nuits comme une aventure. Les pièces sont délirantes, comme celle des lions, où l'on dort dans des cages. Je n'ai su que penser de celle où les enfants peuvent dormir

Hors norme

Faute d'être un musée, le Propeller Island City Lodge est sans doute l'hôtel le plus hors norme que l'on puisse imaginer.

Chambre bleue

Lars Stroschen a créé une musique particulière pour chacune de ses 40 chambres... très insolites.

dans des cercueils… Aux dires de Lars, ils adorent ! La chambre à la guillotine n'est pas mal non plus…

Mon parcours insolite se termine par le karaoké géant qui se tient tous les dimanches, à partir de 15h, dans le Mauerpark (parc du Mur). L'idée appartient à Joe Hatchiban. Coursier à vélo d'origine irlandaise, il a élu domicile à Berlin il y a quelques années. Avec son vélo tout équipé pour le karaoké, il était bien loin de soupçonner que son show improvisé provoquerait un tel engouement ! Ce grand moment de spontanéité, existant avec les moyens du bord, est devenu le Bearpit Karaoke. Le public, très hétéroclite, se déplace même en hiver, pourvu que le temps soit sec.

Qui pourrait s'ennuyer dans cette ville insensée ?

MES FILMS PRÉFÉRÉS

LA VIE DES AUTRES

Florian Henckel Von Donnersmarck (2006)

Intrigante, parfois angoissante, voici l'histoire, en 1984, d'un officier de la Stasi, police secrète de la RDA, chargé de surveiller un écrivain. À sa vie pétrie de solitude s'oppose celle de l'homme dont il espionne chaque mouvement. Il finira par rédiger de faux rapports à sa hiérarchie. Tourné à Berlin, ce film a remporté l'oscar du Meilleur Film en langue étrangère.

GOODBYE LÉNINE

Wolfgang Becker (2003)

Sur un ton léger et souvent loufoque, ce film illustre à merveille le clivage Est-Ouest. En 1989, un jeune Berlinois de l'Est voit la ville se transformer après la chute du Mur. Pour éviter un choc à sa mère qui se réveille d'un coma de plusieurs mois, il s'acharne à recréer l'appartement selon les normes de l'ancien régime socialiste. C'est truculent !

LES AILES DU DÉSIR

Wim Wenders (1987)

Ce conte philosophique m'a bouleversée. Des anges invisibles observent les hommes depuis le ciel berlinois. Ils tentent de leur apporter leur aide. Le film aborde la question du renoncement et de la quête d'identité. Bruno Ganz et Peter Falk sont magnifiques et subtils.

BERLIN PRATIQUE

Les nuits animées de Berlin sont réputées pour être « inoubliables ». De même, la cité verte attache la plus grande importance à l'air qu'elle respire et à son environnement. Elle offre ainsi à ses habitants un cadre de vie très agréable et s'affiche avec une identité 100 % écolo, notamment à travers la construction de ses nouvelles « maisons écologiques » et ses jardins potagers où poussent fruits et légumes totalement bios. Berlin l'intellectuelle nous compte son histoire à travers son riche patrimoine historique et architectural.

Superficie : 892 km^2
Population : 3,4 millions d'habitants
Régime politique : démocratie parlementaire
Religions : protestante et catholique
Langue(s) : allemand
Monnaie : euro

Horaires d'ouverture

Presque tous les magasins des grandes rues commerçantes ouvrent du lundi au samedi de 10h à 20h, parfois plus tard le jeudi et le vendredi. À l'exception de quelques cas particuliers (aéroports et gares), ils ferment le dimanche. Les magasins peuvent rester ouverts de 13h à 20h huit dimanches par an, dont les dimanches de l'avent au mois de décembre.

Climat

La ville bénéficie d'un climat doux et tempéré. Le printemps et l'automne sont des saisons très agréables. L'été, les températures moyennes avoisinent les 22 °C. L'hiver est plutôt froid et sec, avec des températures pouvant descendre jusqu'à - 15 °C. Il n'est alors pas rare de voir les trottoirs de Berlin recouverts de neige.

Coût de la vie
Le coût de la vie est environ de 20 % moins cher qu'à Paris.

Transports
Grâce à son réseau de transport, le métro, le tramway et les autobus, la compagnie de transports publics *Berliner Verkehrsbetriebe* (BVG) dessert la ville jour et nuit. Elle propose des formules aux tarifs très intéressants. Par ailleurs, la capitale allemande possède un grand nombre de pistes cyclables et de parcs à vélos. Berlin compte trois aéroports : Tegel, Schönefeld et Tempelhof. Les taxis proposent des prix très avantageux pour les déplacements en centre-ville.

Hébergement
Il existe de nombreuses possibilités : hôtel, chambre chez l'habitant, auberge de jeunesse, camping, location d'appartements. Les locations chez l'habitant, très bon marché, sont une bonne façon de faire connaissance avec les Berlinois. La ville attire beaucoup de touristes, aussi la réservation s'impose-t-elle tout au long de l'année.

Gastronomie
Ces dernières années, Berlin a vu naître de nombreux bistros et brasseries de qualité. La cuisine locale est plutôt consistante : les Berlinois sont de grands consommateurs de viande de porc, souvent accompagnée de choux, de carottes ou de pommes de terre. La choucroute fait également partie de ces plats typiques du pays. N'hésitez pas à goûter à la *Currywurst* (saucisse au curry), à la *Bockwurst* (saucisse épaisse cuite à l'eau). Le brunch est devenu une institution le dimanche. On peut généralement se restaurer correctement pour une somme raisonnable.

Les lieux
En partant de la porte de Brandebourg jusqu'à Alexanderplatz, la zone s'étend sur environ cinq kilomètres. En fin d'après-midi, Prenzlauer Berg, un vieux quartier de l'Est récupéré par les bobos, grouille de boutiques, bars, restaurants et galeries. Le nouveau visage de Berlin se révèle aussi à travers Potsdamer Platz, une vaste friche de « l'après-Mur ».

La ville verte
L'une des meilleures élèves de l'Union européenne en matière de développement durable, Berlin se targue même d'être la seule gouvernée par un élu « vert » dans toute l'Allemagne.

Musées
Le *Berlin Museum Pass*, valable 3 jours, offre l'accès libre dans 60 musées. Il coûte moitié prix pour les étudiants. Attention : depuis janvier 2011, il est nécessaire de réserver pour visiter le Reichstag.

Repères
Le magazine culturel en français *Berlin Poche* délivre toute l'actualité culturelle de la capitale et les bons plans. Disponible dans 400 lieux différents à travers la ville.

ARUNA
ARUNA

Jérôme à ISTANBUL

Tour à tour Byzance, Constantinople, la Nouvelle Rome et la Sublime Porte, Istanbul, pont entre l'Asie et l'Europe, est devenue une mégapole tentaculaire. Berceau des civilisations byzantine et ottomane, elle séduit comme les belles orientales des Mille et Une Nuits.

Quartier d'Eminönü

Restaurans et cafés branchés sous le pont de Galata enjambant le détroit de la Corne d'Or.

Derviches tourneurs

Derviches tourneurs dansant sur de la musique soufie.

LUMIÈRES ET BONNE CHÈRE

« Pour découvrir Istanbul, il m'est difficile d'imaginer mieux que la vue sur le Bosphore à la tombée de la nuit. »

La cité illuminée s'élève tout autour du Détroit, elle est majestueuse. Dès mon arrivée, Mussa m'entraîne au cœur de Taksim, le quartier de la vie nocturne stambouliote par excellence.

La Istiklal caddesi, grouillante de monde, regorge de boutiques et de petits restaurants où l'odeur des brochettes vient me chatouiller les narines. Dans la lumière chaude, sur un fond de musique, tantôt traditionnelle, tantôt jazzy, nous nous laissons porter par l'ambiance festive. Nous sommes au milieu de la jeunesse dorée. Les tenues vestimentaires ne trompent pas.

Comme une évidence, nous entrons dans un bar à narguilé. Un rituel nocturne. Une odeur de cendres émane du milieu de la terrasse couverte. Toutes les générations, hommes et femmes, se retrouvent autour d'une assiette de pâtisseries orientales et d'un thé parfumé, en fumant la chicha. Je demande à Mussa de m'expliquer la différence entre le narguilé et la chicha. « C'est pareil et ce n'est pas pareil… » Sa réponse me fait sourire mais me laisse bien perplexe…

Une seule chose est claire : on vient ici pour se relaxer après une journée de travail.

La nuit

Istanbul offre toutes ses lumières à la nuit tombée. Mussa est un compagnon idéal ! Il connaît toutes les bonnes adresses pour profiter des soirées stambouliotes. Il suffit de se poser sur ses hauteurs pour admirer la vue.

Quartier de Taksim

Le quartier de Taksim, où la vie nocturne bat son plein, attire la jeunesse dorée de la ville.

Istiklal caddesi

Vendeur de glace dans la rue Istiklal caddesi.

Au nez, le mélange des différents arômes de tabac est délicieux, contrairement à la cigarette. Je fais une tentative avec celui parfumé à la pomme. C'est plutôt agréable bien que je ne fume que très occasionnellement.

Taksim, situé sur la rive européenne, surplombe la ville et son port. La vue est merveilleuse. Nous descendons vers le pont Galata, enjambant la Corne d'or. Sur quelques centaines de mètres, l'animation bat son plein. Des stands proposent des poissons grillés, à peine citronnés avec une pointe de coriandre. Des musiciens gagnent leur vie en jouant pour des touristes, tout comme les caricaturistes, pendant que les enfants s'amusent dans la rue, au milieu des passants. Sur le niveau inférieur du pont, l'ambiance change.

Des restaurants « plus sérieux » s'alignent en rang d'oignon. Je me suis déjà régalé de brochettes. Ma première soirée stambouliote fut un pur bonheur...

Après une nuit courte, Mussa tient absolument à m'initier au typique petit déjeuner turque. La table dressée nous offre un vrai festin : fromages de brebis, fruits secs, crème de beurre, miel, brioches, galettes, jus de fruits frais... J'adore goûter tous les mets que je ne connais pas. La nourriture raconte des histoires et livre des saveurs qui, parfois, s'impriment sur le palais pour le restant de la vie. Ce ne sera pas le cas pour le café turc... Un peu trop « épais » pour moi. Personne ne me propose de lire mon avenir dans le marc. Dommage, car la tradition, toujours vivace, veut que l'on n'entende que des bonnes choses.

Bords du Bosphore

Sur les bords du Bosphore, les pêcheurs proposent toute une variété de poissons que l'on peut savourer dans les petits restaurants sous le pont Galata.

Quartier d'Eminönü
Rien de tel pour se détendre qu'un moment dans un bar sous le pont Galata après une journée de travail.

LE NARGUILÉ

UNE VIEILLE TRADITION

Le narguilé est l'une des traditions les plus profondément ancrées en Turquie. Cette pipe à eau fait partie intégrante de la vie des cafés. Originaire d'Inde (*houka*), elle s'est répandue en Iran avant de toucher tout le monde arabe. Cela explique sans doute ses nombreuses appellations : *narghilé*, *narjila*, *nargile*, *arguileh*, *shisha*, *chicha*. Ce dernier terme est essentiellement utilisé en France, en Égypte et dans les pays du Maghreb. Le principe est simple : le charbon chauffe le tabac, presque toujours aromatisé (pomme, fraise, orange, menthe...), la fumée est ensuite aspirée dans la cheminée, filtrée par l'eau avant de traverser le tuyau souple, porté à la bouche. L'objet lui-même se compose de cinq parties : la cheminée, le bol supérieur, le corps ou réservoir, la pipe immergée et le tuyau. Chacune de ces parties était autrefois fabriquée par des artisans spécialisés. Il faut savoir que l'inhalation de la fumée avec le narguilé est aussi nocive, voire davantage, que celle de la cigarette !

LA VILLE DANS LA VILLE

« Entrer dans une boutique de tapis, c'est aimer le contact, la convivialité... »

Grand Bazar
Mussa m'emmène dans les dédales et les délices du Grand Bazar : un enchantement !

La partie européenne d'Istanbul affiche sa modernité alors que la rive asiatique, où se concentrent les touristes, abrite la vieille ville. C'est là que se situent les superbes palais, les mosquées et le Grand Bazar. Mussa m'emmène d'abord chez l'inventeur du « délice turc », l'incontournable magasin Ali Muhiddin Haci Kebir. J'ai l'impression de franchir la porte du temple de la sucrerie. Les loukoums aux noix ou aux pistaches, à l'orange ou aux amandes sont tous plus tentants les uns que les autres. Nous quittons ce magasin « diabolique » pour le plus grand marché couvert du monde, le Grand Bazar. Les voix résonnent, les bijoux sont clinquants et la foule incroyablement dense. Je me laisse emporter dans le labyrinthe de ruelles et d'allées voûtées. Le marché s'organise par quartiers, chacun dédié à un type de marchandises. Objets de cuir ou de cuivre, tapis, bijoux, narguilés et autres milliers de babioles... Construit en bois, à sa création, au XVe siècle, le Bazar a connu les ravages d'un incendie et, plus tard, d'un séisme l'ayant pratiquement détruit. Même sans son cachet d'antan, il reste un lieu unique. Dans le quartier des kilims, des tapis fabriqués en Anatolie, il y a un va-et-vient incessant d'hommes qui se faufilent en portant à bout de bras un plateau de verres de thé

Un périple en soi

Le Grand Bazar est un véritable périple en soi. Des bijoux en or aux tapis d'Anatolie, impossible de ne pas trouver son bonheur. Plus de 400 000 personnes viennent chaque jour arpenter les allées du plus grand marché du monde.

avec une adresse déconcertante. Pour combler un petit creux, Mussa m'invite dans le minuscule restaurant de son ami Nébil Basmaci, en plein milieu du Bazar. Pas plus d'une dizaine de couverts dans ce petit établissement plutôt raffiné, où je me régale de beignets épicés au cumin, de poisson divinement cuisiné et de pâtisseries maison. Sans hésiter, c'est ici mon meilleur repas à Istanbul.

Nous finissons notre balade par le quartier de l'or. Les boutiques scintillent du sol au plafond. Les prix sont quasiment identiques d'un magasin à l'autre, alors la seule façon de se distinguer de son voisin, c'est l'originalité de la décoration des murs. Le cours de l'or en Turquie influe sur les cours du monde entier. Chaque jour, les orfèvres travaillent environ une tonne du métal précieux. Sur les parties hautes du marché, il est possible de

voir travailler les artisans dans leurs minuscules ateliers, que l'on compte par centaines. Les Stambouliotes se fournissent en grande quantité dans le Bazar. On offre de l'or lors des mariages, pour renforcer l'amitié…

Sortis de cet endroit si fascinant, nous déambulons dans les rues adjacentes. Elles abritent une bonne trentaine de caravansérails (*han* en turc), anciennes auberges-entrepôts. Chaque *han* possédait sa spécialité (soie, épices…). Les marchands écoulaient ainsi leurs produits et se reposaient dans les petites cellules, aujourd'hui des ateliers d'orfèvres, donnant sur une cour intérieure.

Caravansérails

À l'origine, les caravansérails servaient d'hôtels et d'entrepôts aux commerçants qui transitaient par Istanbul. Aujourd'hui, ils servent d'ateliers aux artisans.

GRAND BAZAR

UN TRÈS GRAND DÉDALE

Il suffit de lire quelques chiffres pour comprendre l'ampleur du marché couvert d'Istanbul :

- 4 000 boutiques et échoppes sur 30 000 m².
- 36 portes, dont 17 ouvertes 6 jours sur 7.
- 88 rues, deux commissariats et quatre mosquées.
- 400 000 visiteurs par jour.

20 milliards d'euros en or transitent chaque année par le Bazar.

Pour trouver des épices, il faut aller sur un autre marché : le Bazar égyptien (Misir Çarsisi) sur le Bosphore. Les échoppes débordent de poudres multicolores, de graines et de loukoums. Partout, le thé parfumé aux fruits ou aux fleurs répand ses délicieux arômes dans le dédale des rues. Les petits commerces proposent aussi des produits artisanaux, de la vannerie, des vêtements, des bijoux, des fleurs et des guérisseurs « es sangsues ». À voir mais à ne pas tester !

HISTOIRE DE FEMMES

Nouvelle génération

Toute une nouvelle génération de femmes émancipées trouve désormais sa place dans la société turque.

« Nous sommes ici dans le pays où, pour la première fois dans le monde, une femme architecte a conçu une mosquée. »

Je me demande si, dans le monde, il existe des femmes qui aiment autant se parer d'or que les femmes turques. J'ai compris l'un des multiples usages des petites pièces d'or que l'on peut acheter au Grand Bazar. Lorsque des groupes d'amies s'invitent les unes chez les autres, l'hôtesse du jour reçoit une telle pièce de chacune de ses invitées. À la fin du repas, elles tirent au sort le nom de celle dont, la prochaine fois, ce sera le tour de recevoir ses copines. Autre occasion d'offrir de l'or : le mariage. J'ai déjà acheté ma pièce pour les noces auxquelles je suis invité demain.

Au cours d'une conversation sur les femmes, Mussa me lance, avec une ironie gentille, que les Turques ont obtenu le droit de vote dix ans avant les Françaises. Je lui faisais remarquer que l'on sent une émancipation grandissante des femmes lorsque l'on se promène dans Istanbul. Impression diffuse, bien sûr. Mais, en majorité, les jeunes commencent à sortir du moule de la maman gardant les enfants à la maison.

Érigée sur la rive asiatique d'Istanbul par l'architecte Hüsrev Talya, l'architecture intérieure de la mosquée Sakirin a été entiè-

rement réalisée par une femme, Zeynep Fadillioglu. Avec son équipe d'architectes – très féminine – la créatrice a donné naissance à un bâtiment d'une magnifique harmonie entre l'architecture avant-gardiste et l'art traditionnel. Il fallait sans doute veiller à n'effrayer personne. Les murs en verre de la salle ouvrent la vue sur le monde extérieur. Dans la cour, les minarets se reflètent dans le miroir de la fontaine aux ablutions. Le mihrab, chaire où l'imam fait son sermon, revêt la forme d'un coquillage. Cette mosquée est tout en courbes et en rondeurs. La salle des prières réservée aux femmes, à l'étage, a été construite en transparence. À l'époque ottomane, une telle chose n'était pas pensable.

Pour le mariage, heureusement que je suis accompagné par mon précieux Mussa. Il m'aide à comprendre la symbolique qui se cache

Mosquée Sakirin

La mosquée, dont l'intérieur a été conçu par l'architecte Zeynep Fadillioglu est la première jamais réalisée par une femme.

derrière chacune des étapes, très codées, de la noce traditionnelle. La cérémonie se déroule sur trois jours pendant lesquels se suivent les allers-retours entre la maison du marié et celle de la mariée, les séances de henné, la soirée festive dans la rue où les hommes se déguisent en femmes… Les deux familles, originaires d'Anatolie, vivent dans le même quartier de cette banlieue d'Istanbul. Elles ont arrangé ce mariage. Pendant la journée, il me semble que le garçon est ailleurs, perdu dans ses pensées, absent, comme si les traditions familiales venaient s'entrechoquer avec le monde moderne dans lequel il vit au quotidien. Se connaissant à peine, ces deux jeunes mariés ont l'air un peu dépassés par les événements. Il reçoit son cadeau, une énorme montre en or. Les familles et les amis offrent de l'argent. Reconnaissant d'avoir partagé ce moment avec moi, je leur dépose ma pièce d'or.

Mariage arrangé

Les familles ont arrangé le mariage. Le futur époux est un peu perdu, comme si les traditions familiales venaient s'entrechoquer avec le monde moderne dans lequel il vit au quotidien.

HENNÉ ET SAVON NOIR

UN MOMENT SACRÉ

À l'occasion d'un mariage, la nuit du henné est un moment sacré. Selon la région originaire des mariés, la cérémonie est uniquement réservée aux femmes ou partagée avec les hommes. La tête recouverte d'un voile, la jeune femme tend l'une de ses paumes de main vers sa future belle-mère pour recevoir la pâte verte sur laquelle se place une pièce d'or. La main refermée est mise dans un sac de tissus. La mère de la mariée reproduit ensuite les mêmes gestes sur l'autre main. Le henné est un arbuste dont on extrait un pigment rouge, ensuite mélangé à de l'eau. La pâte pétrie se forme peu à peu. Après l'application, la peau devient très foncée. La couleur disparaît lentement au fil des mois. Pour sa part, le savon noir se fabrique à partir d'un mélange d'huile et d'olives noires broyées et macérées dans du sel et de la potasse. Fait pour faciliter l'exfoliation de la peau, il dégage une odeur fruitée. Traditionnellement utilisé dans le hammam, il s'accompagne toujours d'un gant de kessa. Celui-ci, en tissu granuleux, permet de débarrasser la peau de ses cellules mortes restées en surface.

Mosquée Bleue

La mosquée Sultan Ahmet Camii, classée au Patrimoine mondial de l'UNESCO, est aussi appelée la mosquée Bleue.

AUTOUR DU BOSPHORE

« La fin de la journée est le moment idéal pour faire une croisière. »

Navettes fluviales

Les Stambouliotes circulent sans arrêt en bateau entre la rive européenne et la rive asiatique.

Chaque matin, plus d'un million de Stambouliotes quittent la rive asiatique, où ils résident, pour aller travailler sur la rive européenne. C'est toute la singularité d'Istanbul, à cheval sur deux continents séparés par le détroit du Bosphore. Long de 32 km, celui-ci relie la mer de Marmara à la mer Noire.

La circulation est infernale dans la ville. Des voitures, dont un nombre incalculable de taxis, des bus, des trams, et même quelques charrettes, se meuvent dans une étonnante cacophonie. La ville est très étendue. Pour relier les deux rives, les navettes fluviales sont idéales. Un tunnel ferroviaire entre les deux berges est en construction pour désengorger la ville.

Depuis le Bosphore, on passe très facilement d'un site touristique à l'autre, sur la rive européenne. Les plus beaux monuments sont concentrés ici. Dominant la Corne d'Or et le Détroit, le palais Topkapi, l'un des plus grands musées qui soient, a servi de résidence aux sultans pendant des siècles. Une journée entière ne suffit pas pour le visiter.

Tout près, la mosquée Bleue, tout en harmonie avec ses faïences émaillées et ses six minarets, trône face à Sainte-Sophie.

Cette ancienne basilique, convertie en mosquée à la chute de Constantinople, est aujourd'hui un musée. Un bijou d'architecture byzantine.

Entre les deux édifices, une myriade de vendeurs proposent des objets en tout genre et des fruits. Les petits bancs espacés de seulement quelques centimètres sont une aubaine pour faire une pause. Je m'y assois à peine que des enfants accourent pour me proposer une boisson. Je prends un jus de grenade fraîchement pressé. Un délice.

La fin de la journée est le moment idéal pour faire une croisière. Les *yalis*, villas en bois de familles fortunées, côtoient des hôtels de luxe, d'anciens pavillons de chasse ou des palais de sultan en marbre. Les villages modestes de pêcheurs ponctuent la rive occidentale. Pour admirer le Bosphore, cette fois depuis les contreforts de la Corne d'or,

Café Pierre Loti

Serra Yilmaz, actrice très connue en Turquie, m'accompagne au café Pierre Loti et sur les eaux du Bosphore où elle vit depuis sa plus tendre enfance.

Yalis

Pour apprécier l'architecture des *yalis*, ces villas en bois occupées par des familles aisées, une croisière sur le Bosphore s'impose…

Mussa me fait découvrir le café Pierre Loti, perché sur la colline d'Eyüp qui abrite aussi un cimetière à flanc de colline. Passionné par la Turquie, l'écrivain français venait se reposer ici. Une petite pépite pour laquelle nous devons nous rendre sur la rive asiatique par une navette fluviale. Ensuite, pour monter, nous pouvons choisir entre des marches et une bonne suée, ou le téléphérique… vertigineux. La deuxième option me plaît davantage. Une fois là-haut, le panorama est imprenable sur tous les monuments que je viens de visiter. Le café se loge dans une petite maison en bois au milieu d'un jardin où s'alignent quelques tables nappées d'un tissu à carreaux. Je déguste mon thé à la pomme tout en savourant ce moment magique.

Mosquée Bleue

La Sultan Ahmet Camii doit son autre nom de mosquée Bleue aux mosaïques bleues qui ornent les murs de son intérieur.

APRÈS LES BAINS LE BARBIER

« Tu ne peux pas venir à Istanbul sans aller aux bains turcs... »

Comment refuser quelque chose à Mussa ? Il me conduit dans des bains très anciens, un des rares à se chauffer encore au bois, pour ce rituel masculin du vendredi soir. Les femmes viennent aux bains le matin ou dans l'après-midi. Au début du XXe siècle, on dénombrait plus de 2 500 hammams à Istanbul. Aujourd'hui, il n'en reste qu'une centaine. Modernité oblige ! Les appartements disposent désormais de salle de bains. Dans la grande pièce centrale, on me donne un pagne en coton et des serviettes. En levant mes yeux, j'admire les coupoles criblées de petites ouvertures sur lesquelles reposent des cloches de verre. Grâce à cela, par un effet loupe, des faisceaux de lumière viennent éclairer l'intérieur du hammam. Tout autour de cette grande pièce, de petites alcôves couvertes de belles mosaïques permettent de s'isoler. Une fois changé, je file à la douche avant de lézarder, au centre de la salle, dans la partie étuve entretenue par un marbre rond chauffé par le dessous. Je me prête à tous les rituels, à commencer par un gommage exfoliant au savon noir. Ma peau perd ses impuretés et gagne une couleur rouge vif par endroits... Plutôt rude ce gant de crin ! Pour se rincer, il faut alterner les seaux d'eau chaude et d'eau froide. Mussa me raconte que les bains sont une façon de purifier à la fois son corps et son esprit, de se relaxer mais aussi de se socialiser. On y discute, on y débat, on y refait le monde.

Tradition ancestrale

Les hammams d'Istanbul disparaissent peu à peu. Le confort des maisons a eu raison de cette tradition ancestrale.

Les voix résonnent, la chaleur est moite et les odeurs légèrement fleuries. Un moment vraiment exquis qui se termine par un verre de thé bien chaud que nous partageons tout en plaisantant sur les serviettes nouées en turban sur nos têtes.

Une fois propres et détendus comme des nouveau-nés, Mussa m'emmène chez le barbier. Une première pour moi. Comme je l'ai taquiné déjà de nombreuses fois sur ses baccantes, je lui renouvelle ma remarque sur le fait que les hommes à Istanbul portent presque tous la moustache. En réponse, il me cite un proverbe : « Un homme sans moustache, c'est comme une fenêtre sans balcon ! » Nous trônons sur les deux seuls sièges de ce minuscule salon. Les hommes viennent, en général, se faire raser une fois par semaine. La lame est très aiguisée… Mussa et le barbier sont de connivence pour que l'on me laisse un semblant de moustache. Une fois l'opération terminée, on me pose une serviette bien chaude sur le visage, suivie d'un léger massage avec une lotion parfumée au citron. C'est juste ce qui me fallait. Une sensation de bien-être m'envahit des pieds à la tête. Ma moustache est ridicule, mais notre fou rire avec Mussa a duré un bon moment !

Hammam

Après l'exfoliation et les seaux d'eau froide, s'allonger sur la dalle chaude est un vrai bonheur.

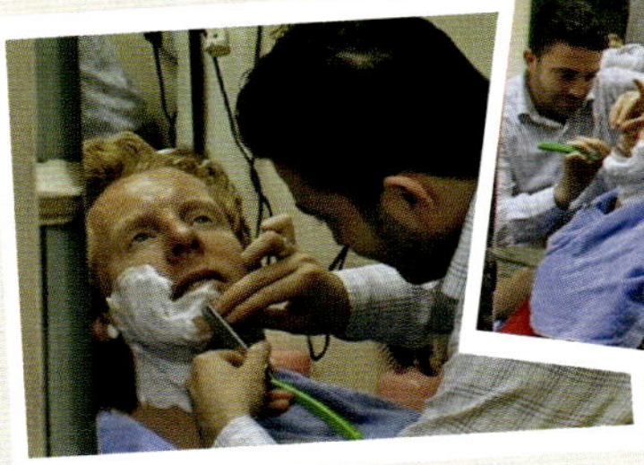

Moustache

En Turquie, un homme, un vrai, doit porter une moustache. C'est le signe de virilité par excellence !

DERVICHES TOURNEURS ET LUTTEURS

« J'ai toujours eu envie de voir les derviches tourneurs et les lutteurs. Deux traditions très réputées. »

La rencontre avec Edman, photographe, éclaire un peu ma lanterne. Selon elle, tout le monde peut voir les derviches tourneurs et même intégrer cet ordre, quelle que soit sa religion. Elle m'explique que toutes leurs croyances et danses sont une fusion de différentes religions et philosophies, notamment le christianisme, le chamanisme et l'islam.

Musicien soufiste

Dans le quartier de Galata, au sein du couvent de Mevlevi, un musicien soufiste.

Ils appartiennent à un ordre musulman *soufi* fondé au centre de la Turquie au XIIIe siècle. « Il vaut mieux dire la voie *soufie* » me dit Edman. Et d'ajouter « le terme *derviche* signifie mendiant en persan ».

J'ai la chance de pouvoir assister à une danse. Sur un rythme lent donné par la musique, les hommes et les femmes commencent à tourner, les mains sur la poitrine. Ils forment un cercle, puis dirigent la paume de leur main gauche vers le haut et celle de leur main droite vers le sol. Ils deviennent le lien entre le Ciel (Dieu) et la Terre (l'Homme). Lorsque le rythme s'accélère, ils semblent entrer en transe. Comme leur toque conique posée sur la tête, leurs magnifiques tuniques blanches forment à leur tour un cône grâce à la vitesse de la rotation. Les derviches considèrent que, si les spectateurs parviennent, grâce à l'émotion suscitée, à une forme de spiritualité, alors la danse a atteint son objectif. Après avoir tourné pendant presque une heure, ils sont haletants et épuisés. Je quitte Edman, quelque peu bouleversé par l'intensité de cette transe spirituelle.

État de transe

Dans leur tunique en forme de cône, les derviches tourneurs accélèrent le rythme jusqu'à atteindre un état de transe.

Dans un tout autre registre, ma curiosité d'amateur de sport allait être comblée en allant voir la pratique ancestrale de la lutte. J'ai compris d'où venait l'expression « fort comme un Turc »... Sur un grand champ de terre sèche, les lutteurs s'enduisent d'un mélange d'huile d'olive et d'eau pour assouplir leur peau. J'imagine bien que c'est aussi pour rendre plus difficiles les prises de l'adversaire. Avec la main droite, ils se frottent les épaules, le torse et les bras. Et ils réitèrent l'opération avec la main gauche. Ensuite vient le Peshrev. Un moment de concentration et d'échauffement avant les combats. Les lutteurs alignés marchent les uns à côté des autres en tapant sur leurs cuisses. Et quelles cuisses ! Ils combattent torse nu, portant seulement une sorte de culotte en cuir, également huilée. La lutte consiste à renverser l'adversaire en passant la main sous sa ceinture et à le garder à terre, le plus longtemps possible, tête en bas, à la verticale. Ce sport se pratique de père en fils. On peut sentir la fierté qui émane de chacun des lutteurs. Mais aussi une certaine sensualité qui tranche avec la violence du combat. Ils sont spectaculaires et, contrairement à mes préjugés, très techniques et très esthétiques.

Combats de lutte

La lutte existe depuis la nuit des temps en Turquie.
Bien que vigoureux et puissants, les combats dégagent une grande sensualité selon les dires des femmes.

ISTANBUL PRATIQUE

À cheval sur le détroit du Bosphore, frontière naturelle entre l'Asie et l'Europe, la ville des villes, comme l'appelaient déjà les Chinois il y a plus de mille ans, est le lien évident entre les cultures orientales et européennes, et chacun des pas franchis dans Istanbul embrasse deux continents. Construite sur sept collines – tout comme Rome – qui dominent la mer, Istanbul est mue par une activité incessante, presque irréelle. La ville ne dort jamais et les nuits sont l'occasion d'admirer le spectacle des lumières qui rappellent les contes des *Mille et Une Nuits* : les minarets dans le ciel, le relief fantastique des collines et la foule bigarrée...

Superficie : 22 km^2 intra-muros
Population : 12 millions d'habitants
Régime politique : république parlementaire
Religion : musulmane et orthodoxe
Langue(s) : turc (officiel) et kurde
Monnaie : livre turque

Horaires d'ouverture

Les boutiques ont une amplitude horaire assez large. La plupart sont ouvertes de 9h à 20h, voire 21h sans interruption. Les restaurants ouvrent leurs portes de 11h à 23h.

Climat

Le Bosphore, la mer Noire et la mer de Marmara créent un microclimat qui défie toutes les prévisions météo ! La ville connaît un été très chaud et humide, avec des brumes matinales rafraîchissantes et quelques jours de pluie intense assortie d'averses en soirée. En hiver, le climat reste doux mais toujours pluvieux, avec un crachin quasi permanent et quelques jours de neige entre fin octobre et fin avril.

Coût de la vie

Le coût de la vie est relativement moins élevé que dans les pays européens. À Istanbul, la vie est plus chère que dans le reste du pays.

Transports

Même les meilleurs marcheurs seront obligés, à un moment ou à un autre, d'emprunter les transports urbains, vu l'étendue de la ville. L'*akbil*, un billet électronique rechargeable, permet de circuler à volonté et à prix avantageux dans les bus, les tramways, les métros et les bateaux bus. Les milliers de taxis jaunes proposent des tarifs de jour et de nuit.

Hébergement

Dans les nombreux hôtels et *pansiyon*, le tarif est fonction du nombre d'occupants et non de la taille de la chambre. Il existe aussi quelques belles adresses de charme, aménagées dans d'anciennes maisons ottomanes restaurées de manière traditionnelle, à des tarifs n'excédant pas 100 euros pour deux.

Gastronomie

Née d'un triptyque iranien, grec et libanais, la cuisine turque est très variée et savoureuse. Soupe, *mezze* (hors-d'œuvre), légumes cuits à l'huile d'olive, riz et boulgour, kebab (viande rôtie), ragoûts et poissons composent les plats traditionnels. Les fruits juteux et les pâtisseries délicieusement agrémentées de pistaches, d'amandes ou de noisettes accompagnent le thé ou le café turc.

Les lieux

Pour admirer les façades Art nouveau, le mieux est de descendre l'avenue de l'Indépendance (Istiklal caddesi). Au gré d'une balade, vous pouvez rechercher les nombreuses églises byzantines aux briques rouges.

La ville verte

Les associations locales et le gouvernement turc mènent, depuis quelques années, une bataille acharnée pour préserver l'environnement. Mais, malgré le développement des transports en commun, les habitants circulent beaucoup en voiture, en taxis ou en deux-roues. Quelques hôtels et restaurants, encore très discrets, proposent une alternative bio et écolo aux plus fortunés… Le samedi, un marché bio, situé dans le quartier de Feriköy Sisli, permet de goûter aux meilleurs produits régionaux…

Shopping

La ville est en pleine mutation. Outre les grandes marques internationales, les jeunes créateurs turcs sont de plus en plus nombreux. À voir absolument, le Beymen Nisantasi, un grand magasin dans le quartier du même nom. Dans les environs de cet antre de la mode se trouve pléthore de boutiques branchées. Autre bonne adresse, Midnight Express (Kadirgalar caddesi) où les créateurs, dont Asli Filinta, étoile montante stambouliote, présentent leurs collections.

Sophie à SAINT-PÉTERSBOURG

Des tsars à la perestroïka, en passant par le bolchevisme, la route de Saint-Pétersbourg est jalonnée d'événements mouvementés, désormais inscrits dans le granit. Reste la beauté majestueuse de cette ville.

Sur la Neva

Avec Saint-Pétersbourg, Pierre le Grand voulait « ouvrir une fenêtre sur l'Europe »...

Matriochkas

Les poupées russes veillent sur la ville de Pierre le Grand.

FORTEMENT IMPÉRIALE

« Saint-Pétersbourg, l'une des plus belles villes qui soit, mérite sa réputation. C'est la deuxième plus grande ville du pays, après Moscou. »

Respect

Pour entrer dans la cathédrale de Kazan, les femmes doivent porter un foulard et une jupe.

Cathédrale Saint-Isaac

La statue du tsar Nicolas Ier veille sur la cathédrale Saint-Isaac, classée Patrimoine mondial de l'UNESCO.

Son fondateur, en 1703, Pierre le Grand voulait « ouvrir une fenêtre sur l'Europe ». Dès la première journée, je constate à quel point il a désiré en faire une capitale grandiose. C'est une ville où tout semble chercher l'équilibre. Au bord de l'eau, des architectes européens, essentiellement italiens et français, ont construit d'immenses esplanades et des édifices de styles baroque, rococo et néoclassique. J'ai l'impression de me trouver dans un grand musée à ciel ouvert. Je suis frappée par la foison de monuments, témoins de trois siècles d'histoire. Ils sont pourtant relativement éloignés les uns des autres. Saint-Pétersbourg s'est érigée à l'extrémité la plus orientale de la mer Baltique, à l'embouchure de la Neva, toute majestueuse et si impériale ! Ce fleuve, long de 75 km, et dont la largeur peut atteindre 600 mètres, s'impose en permanence comme un bras enlaçant la cité. Du mois d'avril à novembre, lorsqu'il ne gèle pas encore, une vingtaine de ponts sur les quelques centaines existant, s'ouvrent de 1h à environ 5h du matin.

Place du Palais

La place du Palais, la colonne Alexandre et le palais d'Hiver, plus connu sous le nom de musée de l'Ermitage.

Impressionnant !

Le faste des décorations de certaines stations de métro est impressionnant.

Sur les eaux profondes du fleuve, de gros navires peuvent ainsi traverser la ville. Pendant ces quelques heures, elle est littéralement coupée en deux. Un beau spectacle à ne pas manquer ! La ville est aussi sillonnée de nombreux canaux où il fait bon se promener en toute saison. Pour explorer les dessous de Saint-Pétersbourg, je m'engouffre dans le métro. Je me sens un peu perdue, car tout est inscrit en cyrillique. Et mon russe se limite à trois mots : *spasiba* (merci), *dobriye den* (bonjour) et *dasvidania* (au revoir). Je descends un escalator d'une profondeur de 60 mètres. Dans la première station, d'une grandeur impressionnante, j'admire les lustres au plafond et les colonnes de verre sculptées sur le quai. La deuxième rappelle l'URSS avec, pour signes distinctifs, la faucille et le marteau, ainsi que des bas-reliefs décrivant la vie quotidienne. Je termine ma visite par la station dédiée à Pouchkine, ce grand poète, considéré ici comme une figure de légende.

Je rejoins Aurélie, une jeune étudiante française installée à Saint-Pétersbourg. Après la cathédrale Saint-Isaac et la forteresse Pierre-et-Paul, nous entamons la visite de la cathédrale de Kazan. Si les églises sont généralement de toute beauté, celle-ci, tel un temple orné d'icônes, est admirable. Nous devons porter un foulard sur la tête et une jupe pour respecter le lieu. Pendant l'ère soviétique, les églises étaient fermées. Certaines servaient de patinoire… Dans la ville impériale, l'Histoire ne cesse de révéler ses surprenantes transformations.

EN QUÊTE DU PASSÉ

« Il est temps pour moi de comprendre la nostalgie et la fierté que je perçois au fil de ma belle échappée. »

Aurélie m'emmène dans un endroit très étonnant. Situé au coin de la rue de l'Armée-Rouge et de la rue Soviétique, le bar L'Angle rouge, très moderne, exhibe un grand portrait de Lénine sur l'un de ses murs. Bien plus qu'un musée, l'Ermitage est, par exemple, un lieu de pèlerinage pour les Russes. Fouler du pied un sol où les figures impériales ont vécu est, pour les Russes, un immense moment d'émotion.

Depuis sa fondation jusqu'au début du XXe siècle, Saint-Pétersbourg a été le principal centre intellectuel et politique du pays. De nombreux Saint-Pétersbourgeois se passionnent aujourd'hui pour leur passé. La ville des tsars était aussi le berceau de la révolution. C'est depuis le croiseur *Aurore*, immense navire amarré sur la Neva, que fut tiré un coup de canon à blanc annonçant l'attaque du palais d'Hiver, le 25 octobre 1917. Pléthore de nouvelles publications sur les trois cents ans de la ville viennent désormais combler un vide laissé par l'ère communiste pendant laquelle l'histoire devait être étouffée.

Perspective Nevski

De la perspective Nevski, les Champs-Élysées de Saint-Pétersbourg, vue sur la cathédrale du Saint-Sauveur-sur-le-Sang-Versé, l'un des principaux lieux de culte orthodoxe de la ville.

Croiseur Aurore

Le musée croiseur *Aurore*, situé devant les jardins de l'École navale Nakhimov. Le coup de canon annonçant la Révolution fut tiré depuis ce navire.

L'engouement est tel que certains appartements d'historiens amateurs deviennent de véritables bibliothèques. L'un deux résume en une phrase cet état d'esprit : « Un peuple qui ne connaît pas son histoire ne connaît pas son avenir. » Cette quête passe, notamment, par la collection d'objets. Le marché d'antiquités est florissant, mais les traces de certaines époques ont déjà disparu chez les nostalgiques. Les objets de l'ère soviétique peuvent encore se dénicher chez des personnes âgées ou dans les datchas. Ailleurs, des expositions montrent à quel point les créateurs se sont libérés de tous les carcans pour, enfin, s'exprimer, au moment de la perestroïka, dans les années 1980. Chaque grande période marquant la vie de Saint-Pétersbourg apporte son lot de meubles, vêtements, bijoux, tableaux et autres services en porcelaine doré. Pour « visiter » ce passé, rien ne vaut une promenade sur la perspective Nevski, les Champs-Élysées de Saint-Pétersbourg. Véritable colonne vertébrale de la ville, elle s'étend sur cinq kilomètres. Un livre à ciel ouvert dans lequel j'imagine les gardes de l'armée Rouge parader là où, aujourd'hui, les boutiques se succèdent les unes après les autres sur les trottoirs. Ici siégeait le parti communiste et là, une plaque rappelle la résistance de Leningrad face aux nazis. Les arrière-cours d'immeuble ont sans doute inspiré Pouchkine, Gogol ou Dostoïevski... Un peu plus loin, je passe devant l'église Saint-Sauveur, construite à l'emplacement où Alexandre II fut assassiné, après l'abolition du servage.

LES LIEUX MYTHIQUES

« La famille impériale, tout comme la noblesse de Saint-Pétersbourg, avait une passion pour les danseurs… et les belles ballerines, dont les loges croulaient sous les gerbes de fleurs. »

Je me rends dans un lieu dont j'ai toujours rêvé : le théâtre Mariinsky. Le rêve se réalise encore davantage lorsque l'on m'autorise à parcourir le dédale des couloirs de la coulisse et la scène. Je me sens infiniment émue à l'idée que Vaslav Nijinski, Anna Pavlova, Rudolf Noureïev ou Mikhaïl Barychnikov ont dansé à l'endroit précis où je me trouve, sur la musique de Stravinsky, de Prokofiev et de Tchaïkovski. Berlioz est venu diriger ses œuvres, Wagner et Mahler ont mis à l'épreuve leur baguette dans ce théâtre mythique !

Palais d'Hiver

Le palais d'Hiver, qui abrite le musée de l'Ermitage, fut construit par Bartolomeo Rastrelli au XVIIIe siècle.

Vue depuis la scène, la salle à l'italienne est somptueuse. Colonnes torsadées, lustres de cristaux, fauteuils de velours… et là, juste en face, la loge du tsar. Construit en 1860, le théâtre Mariinsky fut nommé ainsi en hommage à Maria Alexandrovna, l'épouse d'Alexandre II. À cette époque, elle est la plus grande scène au monde. Si grande que les chorégraphes ont dû repenser la façon d'évoluer des artistes. Scène lyrique, cet endroit exceptionnel s'est fait surtout connaître pour la qualité et l'innovation de ses ballets. Après la révolution, la référence mondiale de la danse perd de sa splendeur. Elle se rétablira peu à peu au fil du XXe siècle. Le corps de ballet du Mariinsky fait des tournées dans le monde entier. Les étoiles sont capables de prouesses remarquables. La méthode Anna Pavlova enseignée à l'Académie de danse de Saint-Pétersbourg attire

Théâtre Mariinski

Le théâtre Mariinski est sans doute l'un des plus connus au monde pour ses ballets, ses opéras et ses concerts. Son histoire est indissociable de celle des tsars.

Musée de l'Ermitage

Dans le musée de l'Ermitage, ancienne résidence impériale, le grandiose escalier des Ambassadeurs en marbre de Carrare.

3 000 candidats chaque année. Seuls 70 sont acceptés pour suivre un cursus de neuf ans... Certains seront pris au Mariinsky, le rêve des danseurs étoiles, alors que d'autres choisiront de s'expatrier. En sortant du théâtre, je marche un peu pour m'éloigner en douceur de l'intensité qui règne dans ce lieu inoubliable. Non, je n'ai pas rêvé...

L'Ermitage, autre lieu mythique, m'attend à l'autre bout de la perspective Nevski. Le plus grand musée du monde occupe une partie de l'ancienne résidence des tsars. Les conservateurs aiment raconter que, si l'on passait uniquement une minute devant chacune de ses trois millions de pièces, il faudrait huit ans pour tout voir ! Dans mon souvenir, le Louvre demanderait trois ans... En fait, les œuvres exposées représentent seulement la partie émergée de cet iceberg géant, soit environ 10 % du patrimoine. Les réserves du sous-sol abritent la majorité des œuvres. Les collections couvrent toutes les périodes, depuis l'Antiquité orientale jusqu'au XXe siècle. Dans des endroits bien protégés, des restaurateurs s'attèlent à redonner une beauté à des œuvres d'un temps lointain. Quelle responsabilité et quelle émotion ce doit être !

Nuits blanches

L'Amirauté, sous les feux d'artifices pendant les nuits blanches.

NUITS BLANCHES

LES NUITS MAGIQUES

Entre mi-mai et mi-juillet, le soleil se fait très discret sur la ville des tsars située sur le 60e parallèle. La pénombre, plus que la nuit, ne dure que deux heures environ. Le long hiver de plus de huit mois n'est, alors, plus qu'un souvenir. Pendant une cinquantaine de jours, l'atmosphère devient vraiment magique dans la ville de Pierre le Grand. Concerts rock, festivals de jazz, carnavals, pièces de théâtre, ballets et spectacles de rue viennent remplir les nuits enchantées des Saint-Pétersbourgeois, avec, à leur apogée, celle du solstice d'été. Des expositions se tiennent également un peu partout dans les plus beaux monuments de la ville ainsi que des spectacles pyrotechniques sur les eaux de la Neva.

LA VILLE DU FROID

« Dès novembre, les premiers frissons du froid se font sentir. En fait, c'est le moment idéal pour profiter tranquillement des trésors de Saint-Pétersbourg sans avoir à se presser. »

Les touristes ont déserté la ville, si grouillante en été. Et lorsque la neige vient recouvrir les monuments, la Neva et les ponts, elle est encore plus étincelante.

Mon premier geste, encouragée par Aurélie, consiste à acheter une *chapka*. Celle avec les oreilles de cocker... Me voici bien équipée avec des chaussures à crampon pour ne pas glisser sur les trottoirs très périlleux, des gants protecteurs, un manteau très chaud et une écharpe en laine. Pas question de faire les choses à moitié ! Le froid est une affaire sérieuse ici. Le thermomètre peut baisser jusqu'à -30 °C avec un vent presque abrasif sur le visage.

Patinoire

Patinoire sur la place du Palais, en face du musée de l'Ermitage : rien de mieux pour se réchauffer !

Manteau blanc

En hiver, la ville se couvre de son manteau blanc. Mais ce n'est pas la Sibérie. Le thermomètre descend rarement en-dessous de -30 °C...

PORTRAITS CROISÉS

« Je découvre, grâce à elle, que derrière le faste de la ville impériale, un grand écart existe entre la jeunesse dorée et celle qui peine pour payer ses études. »

Rendez-vous
En hiver comme en été, la Neva est un lieu de rendez-vous que tous les habitants de Saint-Pétersbourg affectionnent.

Grâce à Aurélie, j'ai pu rencontrer plusieurs personnes représentatives de la jeunesse saint-pétersbourgeoise. Amoureuse de la ville, elle est étudiante en littérature, comédienne et dispense aussi des cours de français à des jeunes russes. « La vie est rude et inégale ici » me confie-t-elle. Je l'avais soupçonné lorsqu'un ingénieur, voulant compenser son salaire insuffisant, s'est proposé de me conduire dans sa voiture. En général, pour se loger lorsque l'on gagne peu, la seule solution consiste à vivre dans un appartement communautaire, les *kommunalki*, en russe. Les logements sont souvent spacieux mais en piteux état. Des amis d'Aurélie nous invitent pour un apéritif. Nous apportons des cornichons géants, du chou mélangé à des carottes (la salade vitamine) et de la vodka *Poutine*. Pour Anja et son mari Vladimir, c'est la fête.

Minimum vital

Il est courant que les jeunes soient obligés d'avoir plusieurs occupations professionnelles pour pouvoir assurer leur minimum vital.

Ils vivent dans une seule pièce, tout comme leurs colocataires. La cuisine et la salle de bains sont communes. Chacun a son placard et ses feux sur la cuisinière. Anja s'estime chanceuse malgré son voisin qui se prend pour Dieu. Comédienne et éducatrice dans un centre pour enfants en difficulté, elle rêve d'avoir un bébé. Je suis abasourdie lorsque Aurélie m'explique que son amie est tout à fait représentative d'une bonne partie de la jeunesse à Saint-Pétersbourg. Nous mettons une nappe sur le sol et passons un délicieux moment ensemble.

Les trentenaires de Saint-Pétersbourg, comme dans toute la Russie, sont nés sous le régime soviétique, ont grandi sous la perestroïka et sont devenus adultes après la chute du communisme. Andrei dirige la section locale du parti national bolchevique. Pour lui, la ville bouillonne de contradictions. Il a choisi l'envers du décor, loin du glamour des belles façades. Il aime se réfugier derrière le port, là où respire son vrai Saint-Pétersbourg. De son côté, Macha a lancé une agence de tourisme. Elle fait partie de ceux pour qui l'aspiration à la réussite sociale est très forte. Et que dire de Dina qui ne révélera jamais à ses parents qu'elle gagne bien plus qu'eux ? La nuit, Dimitri, comme d'autres jeunes bénévoles, s'occupe des sans-abri, 28 000 recensés à ce jour, pendant qu'Alexeï gagne sa vie comme DJ, dans les clubs technos de la ville. Alla, elle, profite autant qu'elle le peut de sa vie d'artiste très modeste. De temps à autre, elle se prend à rêver d'un ailleurs. Mais une déambulation dans les rues de Saint-Pétersbourg la ramène toujours à sa réalité. « Je ne pourrais jamais quitter cette ville que j'aime. »

Face cachée

Si la ville arbore d'incroyables richesses architecturales, sa face cachée est parfois moins fastueuse, notamment pour les jeunes.

L'UTOPIE DU CAVIAR

« J'ai adoré ma balade au marché où j'entends dire que "la Russie sans caviar est impossible !". Mais la réalité est tout autre. »

On trouve de moins en moins ce produit de luxe. Il est hors de prix. Les arnaques sont fréquentes. Il existe plus de 25 espèces d'esturgeons, dont sont issus les œufs non fertilisés, le caviar. Le Beluga est, sans doute, l'un des plus connus et le plus cher. Il peut se vendre à plus de 6 000 euros le kilogramme ! Parmi les autres variétés, l'osciètre est un peu moins onéreux. L'abus de la pêche provoque l'extinction des espèces vivant dans la mer Caspienne, précisément là où la qualité des œufs est réputée comme étant la plus élevée. L'or noir est devenu un produit de contrebande qui se répand dans toute l'Europe. En revanche, les œufs de saumon rouge sont très abordables et tout à fait délicieux. Le cadeau idéal à rapporter à ses amis.

Chou primeur

Sur les marchés, les étals regorgent de légumes salés, sucrés ou pimentés. Mais le chou a la primeur !

Cornichons

Les cornichons « russes » sont en fait des petits concombres d'environ 10 cm, cueillis avant leur pleine maturité.

Or noir

Le caviar, qui peut se vendre jusqu'à 6 000 € le kg, est l'objet d'un véritable trafic international. L'or noir à bon marché est un leurre !

J'explore tous les stands. Celui-ci est spécialisé dans le fromage blanc, mais propose aussi des fromages fumés, ou encore une autre sorte inclassable, salé, qui se présente comme une bobine de fil. Pour le déguster, il suffit de le dérouler… Je n'hésite pas à mettre cette curiosité dans mon panier. Les étals les plus répandus proposent des légumes salés, sucrés ou pimentés mais aussi du chou mariné au jus de pomme ou des têtes d'ail cuites dans du jus de raisin ou de grenade. Un mélange un peu acide. Les couleurs varient du rose au brun. Après les étalages de saumon, très appétissants où – là encore – la diversité est remarquable, je passe devant un superbe stand de fleurs. La vendeuse me dit d'un air amusé : « Les femmes adorent les fleurs et les hommes adorent les femmes… » Je boucle ma balade en m'arrêtant devant les tables couvertes de pots de miel, un produit très important dans la tradition culinaire russe. Les provenances, les couleurs, les épaisseurs et les senteurs semblent sans fin. Mais mon périple sur ce marché me confirme ce que je supposais : le chou, base de la nourriture traditionnelle par ici, se conjugue à tous les modes. Surtout à celui de la soupe… La *chtchi*, un grand classique, mérite d'être goûtée au moins une fois. La *solianka* en est une variante, cette fois avec de la viande de bœuf hachée et des oignons. J'ai nettement préféré le *bortsch*, fait à partir de bouillon, de légumes (dont le chou évidemment !) et, surtout, de betterave qui lui donne sa couleur rouge. La gastronomie russe demande une petite phase d'apprentissage pour bien l'apprécier. Les restaurants ne manquent pas pour exercer son palais. Quant à la vodka, toujours sur les tables, là aussi le mythe se confirme…

CUISINE RUSSE

LE B.A-BA GASTRONOMIQUE

La gastronomie russe mérite quelques explications. Voici les plats typiques que l'on peut goûter à Saint-Pétersbourg :

SILIODKA
Des harengs à l'huile, agrémentés d'oignons crus. Il ne manque que les pommes de terre...

CHACHLIK
Des brochettes de porcs, paraît-il originaires du Caucase.

PIELMINIS
Un classique de la cuisine russe. Ces gros raviolis farcis à la viande ou aux légumes sont cuits à la vapeur et s'accompagnent de crème fraîche. L'un de mes plats préférés !

PIROJKIS
Des beignets farcis généralement à la viande. Je préfère la version sucrée avec des pommes.

PLOV
Ce plat de riz est particulièrement consistant...

DOLMAS
Ils ressemblent aux petits boudins de feuilles de vigne farcis que l'on mange en Turquie. La version russe est préparée... avec des feuilles de chou.

CÔTELETTES
En fait, il s'agit de boulettes de viande frites. Aucun os.

OUKHA
Dans la famille des soupes, celle-ci, à base de poisson et parfumée au laurier, est l'une des meilleures.

RASSOLNIK
Il suffit juste d'aimer les rognons et l'oseille dans une soupe. J'hésite encore...

SAINT-PÉTERSBOURG PRATIQUE

Comme toutes les villes nées des seuls rêves et volonté d'un homme hors du commun, Saint-Pétersbourg brille d'un éclat mythique. Le site stratégique où Pierre le Grand choisit, en 1703, d'inscrire le châssis de sa fenêtre sur l'Europe n'était pourtant, au départ, qu'un vaste et nauséabond marécage. À présent, le long de ses avenues rectilignes, édifices religieux, palais, jardins et monuments alternent formes et couleurs, mêlant harmonie et fantaisie, au milieu du vacarme de la vie et de l'histoire.

Superficie : 600 km^2 intra-muros

Population : 5 millions d'habitants

Régime politique : cité de la Fédération de Russie, république fédérale à régime présidentiel

Religions : orthodoxe en majorité, musulmane, bouddhiste et judéenne

Langue : russe

Monnaie : rouble

Horaires d'ouverture

Les magasins, les musées et les autres commerces ouvrent de 10h à 18h en semaine, parfois jusqu'à 19h en été et les week-ends.

Climat

Au plus froid de l'hiver, les températures varient de -7 à -30 °C. En été, la moyenne saisonnière s'élève à 20 °C. Le vent de la mer Baltique souffle en toute saison. Saint-Pétersbourg est la ville d'Europe la proche du cercle polaire arctique. Aussi, en juin et en juillet, le soleil ne se couche que quelques heures par nuit. Revers de la médaille, l'hiver laisse place à seulement cinq heures quotidiennes d'une lumière blafarde.

Coût de la vie

Les prix semblent corrects, contrairement à certaines capitales européennes. Le niveau de salaire moyen d'une secrétaire, par exemple, s'élève à environ 500 euros par mois.

Transports

Très performant, rapide et économique, le métro est le meilleur moyen de circuler en ville. Autres transports en commun : bus, trolley, tramway ou encore *marchroutkas*, petits bus privés d'une dizaine de places, plus confortables et plus rapides que leurs grands frères. Lorsqu'ils sont « officiels » les taxis disposent d'un compteur. En revanche, avec un particulier, le prix se négocie avant la course.

Hébergement

Les hôtels des grandes chaînes internationales sont sans surprise, contrairement aux petits hôtels russes, dont la qualité, le confort et les prestations sont très variables. Des « minihôtels », bien situés en centre-ville, proposent des chambres dans des anciens appartements communautaires refaits à neuf. Sinon, la location chez l'habitant se pratique de plus en plus.

Gastronomie

L'abondance et la variété des salades proposées en entrée sont souvent un piège, car le repas ne fait que commencer. Elles seront couramment suivies d'une succulente soupe, d'un plat principal, le tout arrosé de vodka… Les restaurants et les cafés se distinguent selon certains critères, différents des nôtres. Les restaurants sont plus onéreux. Le « café » va du petit restaurant à la cantine populaire et conviviale.

Les lieux

Durant la période estivale, les jets d'eau des fontaines de Petrodvorets, fonctionnant sans utilisation de pompes, jouent une superbe symphonie aquatique. La Grande Cascade comprend 64 fontaines et plus de 200 statues en bronze. Lorsqu'elles sont illuminées, ces fontaines offrent un spectacle féerique.

DUGALD STEWART

Jérôme à ÉDIMBOURG

Prestigieuse, médiévale, géorgienne, la cité d'Édimbourg est aussi bouillonnante tout au long de l'année. Ses festivals déplacent des foules venues du monde entier.

Panorama
Depuis la colline de Calton Hill, face au Stewart Monument, on peut embrasser toute la ville d'Édimbourg du regard.

Scottish Kilt
La couleur du tartan et le motif du kilt font partie des attributs d'un clan.

UN DUO ARCHITECTURAL

« La première chose que je conseillerais de faire pour comprendre la configuration d'Édimbourg est de l'aborder en prenant de la hauteur. »

Construite sur des collines volcaniques, la ville offre un panorama très différent selon le point où l'on se trouve. Dominée par son château du XIe siècle, érigé sur un roc, la capitale de l'Écosse a vite été confrontée à l'étroitesse de l'espace au sol et à la surpopulation. C'est ainsi que la vieille ville est devenue ce que ses habitants appellent aujourd'hui le « Manhattan médiéval ». Dans Old Town, des habitations de pierres qui, de surélévation en surélévation, sont hautes pour certaines d'une dizaine d'étages, bordent de petites ruelles et impasses étriquées, souvent sombres. La ville avait été surnommée « la vieille enfumée », tant les cheminées crachaient une épaisse fumée, responsable certainement de la noirceur des maisons par endroits...

À partir du moment où sa protection contre l'ennemi a cessé d'être une priorité, la cité a pu s'étendre. C'est ainsi qu'au nord, la partie nouvelle est peu à peu sortie de terre, tout en harmonie et élégance. Des rues plus larges où dominent les bâtiments de style géorgien sont tout l'opposé de la vieille ville. Pour

Esplanade

Il est plus facile de comprendre la géographie de la ville depuis l'esplanade du château d'Édimbourg.

Princess Street

Vue nocturne sur Princess Street.

mieux s'en apercevoir, il suffit de se rendre sur le promontoire de Calton Hill, à environ 100 mètres d'altitude. Avant d'en apprécier la vue, vous passerez devant les superbes colonnes du National Monument, sorte de Parthénon athénien.

De là-haut, les deux parties de la ville se révèlent de part et d'autre des jardins de Princess Street. De cette hauteur, on peut suivre Royal Mile, la principale artère de la vieille ville, allant du château jusqu'au palais de Holyrood, résidence de la reine et des monarques depuis le XVe siècle. Et comme la mixité est de mise au Royaume-Uni, le parlement écossais est juste de l'autre côté de la rue.

Si l'Écosse est une terre de légendes, Édimbourg possède sa part d'insolite. Sous ses pavés, on peut visiter un ensemble de souterrains presque inquiétants. Ils pourraient raconter des siècles d'histoire, dont la dernière épidémie de peste au XVIIe. Les cadavres auraient été enfouis dans les ténèbres de la ville qui aurait aussi abrité des cachots ainsi que des distilleries clandestines de whisky.

J'ai senti une atmosphère particulière à Édimbourg. Mystérieuse, mystique et, paradoxalement, je m'y suis très vite senti bien... Cette ville, propice à la balade à pied sans but précis, me donne l'impression d'une machine à remonter le temps. Seule certitude, personne ne peut ignorer lorsqu'il est 13h car, chaque jour, à ce moment précis, des coups sont tirés par le gigantesque canon (Mons Meg) trônant sur l'esplanade du château.

Parlement écossais

Lorsque les députés ne siègent pas, il est possible de visiter le parlement écossais, bâtiment au design contemporain, au pied du Royal Mile.

UN BERCEAU DE CRÉATIVITÉ

« Elle a toujours accueilli de nombreux intellectuels. Chercheurs, savants, écrivains et musiciens se sont côtoyés dans les pubs animés de la cité. »

À l'oreille

La cornemuse écossaise fait de plus en plus son apparition dans les groupes de rock celtique. Elle demande un vrai travail à l'oreille.

Tout le monde le dit : les richesses architecturales et culturelles d'Édimbourg, la prestigieuse, font d'elle l'une des grandes capitales européennes. L'Écossaise a toujours voulu se démarquer de Londres. Édimbourg mène la danse tandis que Glasgow reste l'industrielle. Pléthore de petits noms sont attribués à la ville. Elle est parfois *Edina*, surnommée « impératrice du Nord » ou encore l' « Athènes du Nord » car la vieille ville est perchée sur une colline comme l'Acropole. En me rendant dans un café appelé Elephant House, j'apprends que l'histoire de Harry Potter est indissociable d'Édimbourg. C'est ici même que J.K. Rowling, inspirée par le château et la Old City, a écrit les premiers romans de sa saga. En explorant la ville, on peut tout à fait imaginer des sorcières et des magiciens apparaître au coin d'une rue…

Elephant House

Attablée pendant des heures et des jours dans le pub Elephant House, J.K. Rowling a écrit ici le premier tome de sa saga Harry Potter.

Incontournable

La « culture pub » est très forte en Écosse. Ces lieux sont incontournables pour écouter de la musique traditionnelle et faire la fête.

La liste des personnages célèbres passés par Édimbourg va du poète Robert Burns à John Dunlop, l'inventeur du pneumatique, mais aussi Alexander Fleming, le père de la pénicilline, sans oublier Charles Mackintosh, le créateur de l'imperméable – un accessoire disons, indispensable dans cette région... *Isn't it ?*

Si son passé culturel est éloquent, la ville est loin d'être un musée vivant. Sa communauté d'étudiants contribue pour une grande part à l'atmosphère festive qui règne le soir dans les rues. Il suffit de flâner dans George Street pour les voir envahir les bars à vins branchés et les clubs. Je ne suis pas surpris d'apprendre que les plus grands festivals se tiennent ici chaque année. La rue tient une place particulièrement importante. Plus qu'une artère avaleuse de pas en tout genre, elle est réellement investie. Dès les premiers rayons du soleil, tout le monde ne rêve que d'une chose : sortir de la torpeur de l'hiver. Chaleureux, débordants d'humour, exubérants, les habitants d'Édimbourg ne sont pas ce que l'on attend d'une ville du Nord. Encore des idées préconçues !

De l'extérieur, il serait tentant de croire que le kilt, la cornemuse et le whisky servent uniquement au folklore mis en scène pour ranimer le passé. Il n'en est rien ! Les traditions sont prises très au sérieux. Elles symbolisent avant tout la fierté d'être écossais. Je ne résiste pas à l'envie de m'essayer à la cornemuse. Mais j'ai beau souffler dans le « bignou », rien ne sort ! Excepté un pathétique son de klaxon, magnifiquement ridicule. L'instrument est décidément compliqué à manier. Malgré mes attributs capillaires qui prêtent à confusion, je ne suis vraiment pas écossais.

JOUR DE FÊTE
TOUTE L'ANNÉE

« J'ai la chance d'être à Édimbourg au moment du Beltane Festival qui se déroule dans la nuit du 30 avril sur Calton Hill. Tradition séculaire, cette fête du renouveau et de la fertilité célèbre l'arrivée du printemps. »

Je me retrouve au milieu de milliers de personnes venues de toute l'Écosse et d'autres pays pour participer à cette fête celtique. *Beltane* signifie « feu sacré » en gaélique. Dans le passé, les feux étaient allumés par les druides. Au rythme de leurs incantations, le bétail devait passer entre ces feux, afin qu'il soit protégé des épidémies pour toute l'année à venir. Pour beaucoup costumés, les festivaliers suivent le spectacle itinérant. Acrobates, musiciens, jongleurs de feu défilent au son des tambours. Environ un millier de bénévoles sont enrôlés dans ce grand show. J'ai pu me glisser dans la « coulisse » pour regarder les artistes se préparer. Les maquillages très colorés revêtent tous une signification particulière, généralement rattachée à une légende.

Édimbourg est LA ville des festivals. Cinéma, musique, art, littérature, science, tous les thèmes possibles font l'objet de grands rassemblements festifs. Parmi les plus remarquables, le Festival international d'Édimbourg, l'un des événements artistiques les plus importants au monde depuis plus de 60 ans. Au cours des trois dernières semaines du mois d'août, la cité grouille de milliers de personnes venues de tous les horizons. Les rues de la ville et les salles accueillent un nombre incroyable

Parade militaire

Pendant le festival international d'Édimbourg, en août, cornemuses, tambours et kilts sont à l'honneur pour la parade militaire Tattoo.

Fête du feu

À l'occasion de la fête du Feu de Beltane, célébrée chaque année en avril, des milliers de jeunes écossais se griment pendant des heures pour la grande parade nocturne.

de concerts, pièces de théâtre ou chorégraphies. Au même moment, l'esplanade du château se fait le théâtre du Edinburgh Military Tattoo, une grande parade militaire où, bien sûr, kilts, cornemuses et tambours sont de rigueur. Édimbourg termine l'année avec le Hogmanay Festival, la plus grande fête de la Saint-Sylvestre jamais organisée. Mes amis écossais m'apprennent que, si tous les spectacles sont gratuits, il faut quand même réserver ses tickets un an à l'avance… Les Français se déplacent en nombre pour ces fêtes. Nos deux pays entretiennent toujours des liens étroits et ce, depuis plus de trois siècles. Les troupes militaires royales se soutenaient réciproquement, notamment contre les Anglais. Les Écossais ont même participé à la guerre de Cent Ans. Des deux côtés, les expatriés bénéficiaient de la double nationalité. Partenaires commerciaux pour le vin de Bordeaux à cette époque, la France et l'Écosse le sont toujours aujourd'hui pour le whisky. Depuis 1957, Nice est jumelée avec Édimbourg. Et de part et d'autre, des personnes continuent de chercher des traces de leurs ancêtres, comme un vieux passeport au fond d'une malle…

CORNEMUSE ÉCOSSAISE

TOUJOURS *UP-TO-DATE* !

Hautbois et clarinette pourraient être les ancêtres de ce drôle d'instrument dont personne ne connaît précisément les origines. On sait, néanmoins, que la cornemuse écossaise est apparue il y a 1 000 ans… mais pas en Écosse. Cette icône n'est qu'une variante parmi des dizaines d'autres modèles. Les composantes de l'instrument sont toutefois les mêmes : un sac de cuir pour le réservoir d'air, un tuyau alimenté par la bouche par un soufflet, un tuyau muni d'une anche pour jouer la mélodie et les bourdons, autres tuyaux pour émettre un son continu. Pour preuve, s'il en était, son nom *great highland bagpipe* signifie « grand sac à tuyaux des hauts plateaux ». Dans son histoire, la cornemuse a connu ses moments de gloire et de déclin, suivant les modes. Utilisée pour la musique militaire ou symphonique, elle connaît de nos jours un nouvel engouement. De nombreux groupes écossais lui redonnent ses lettres de noblesse pour jouer des airs d'autrefois ou très contemporains.

LES CLANS

« Dans l'histoire, tout Écossais appartient à un clan, soit par filiation soit par sympathie. Il constitue la base de la hiérarchie sociale écossaise. Le mot gaélique *clannad* signifie "famille". »

Sous le kilt

Demandez à un Écossais ce qu'il porte sous son kilt. Il vous répondra « l'avenir de l'Écosse ! ».

Les membres d'un clan portent généralement le même nom. Je découvre, enfin, que les mots *Mac* ou *Mc*, précédant le nom veulent simplement dire « fils de ». Certains nous sont très familiers comme MacDonald ou McLeod. Le clan, placé sous l'autorité d'un chef dont tout le monde porte le nom, se reconnaît selon plusieurs attributs, comme la couleur du tartan ou le motif du kilt, le couteau noir et l'insigne portant les armoiries du clan accroché sur le béret. Les premiers clans remontent sans doute au XIIe siècle. Au fil du temps, véritable menace pour la monarchie, les tribus ne manquent pas non plus de se battre entre elles. Au milieu du XVIIIe siècle, à la suite d'une grande défaite écossaise, les Anglais bannissent le kilt, le port des armes, la pratique de la cornemuse et les juridictions héréditaires. Cette interdiction dure seulement une trentaine d'années, mais marque le déclin du système clanique. Lorsque l'on connaît, même de façon très superficielle, cette histoire, il est plus facile de comprendre l'inimitié très palpable entre les Écossais et les Anglais…

Malgré cela, le kilt n'a pas perdu de son panache. À l'origine, les hommes des hauts plateaux, les *highlanders*, le portaient en rébellion contre le costume militaire anglais. Les tartans restent le symbole des grands clans de l'histoire. Tout se joue sur les nuances des couleurs, les lignes et les carreaux. La volonté de maintenir cette tradition est très forte. Dans les rues de Glasgow ou d'Édimbourg, il n'est pas rare de croiser des porteurs de kilts de tout âge. Certains s'habillent de façon ordinaire et rajoutent juste un kilt sur leur tenue. Ce vêtement a inspiré de nombreux designers, comme Jean-Paul Gauthier et Alexander McQueen. Le kilt est devenu très tendance depuis quelques années. Je suis passé en cabine pour essayer, moi aussi, ma jupe écossaise. C'est l'occasion rêvée de demander au vendeur ce que les hommes portent sous leur kilt. Amusé,

En jean et cuir

Les puristes ont du souci à se faire… Le kilt existe désormais en tweed, en laine, en jean… et en cuir.

À carreaux

Le kilt est un symbole immuable qui désigne un clan. Son identité est reconnaissable grâce au tartan, le tissu à carreaux.

il m'a répondu par une phrase qui impose le silence : « Quand on demande à un Écossais ce qu'il y a sous son kilt, il répond : "l'avenir de l'Écosse !" » En fait, je comprends qu'aucune règle n'est suivie en la matière. Pour ma part, j'ai fait un court aller-retour à l'extérieur de la boutique pour éprouver l'air frais de la capitale… Enfin, chacun fait selon son humeur ! Sur ma jupe, j'ajoute le petit sac servant de poche et j'enfile les chaussettes montantes jusque sous les genoux. Pour le haut, une chemise, une veste courte et une sorte de béret font l'affaire. Je suis enchanté de ma nouvelle tenue pour laquelle il faut quand même débourser quelque 200 euros. Mais sans les chaussettes et le chapeau !

Lanceur de marteau

Un lanceur de marteau durant les *Highlands Games*.

HIGHLANDS GAMES

LES JEUX… EN KILT !

Au Moyen Âge, les *Highlands Games* (les jeux des hautes terres) avaient pour but de dénicher les guerriers les plus talentueux. Grâce à ces épreuves de force, le chef de clan pouvait mesurer la force de ses hommes. Chaque année, de mai à septembre, plus d'une centaine de rencontres se déroulent encore dans toute l'Écosse… en kilt. Le lancer d'arbres est sans doute la discipline la plus spectaculaire. Le tronc du mélèze mesure six mètres de haut et pèse environ 70 kilogrammes. Les autres épreuves méritent aussi le détour, comme le lancer de marteaux ou de poids, la lutte et le tir à la corde. C'est l'occasion, une fois de plus, de faire la fête. Aux côtés des jeux, les *Highlands Games* rassemblent aussi des joueurs de cornemuse qui concourent sur des marches militaires ou des airs de danses traditionnels. À d'autres moments, des jeunes filles exécutent la danse des Épées, un folklore sans doute vieux de dix siècles.

LE WHISKY

« Il existe plus de 300 marques de ce breuvage sacré sur la terre celte. Impossible de résister à la tentation ! »

Sans glace

Contrairement à une pratique très répandue, le whisky *pure malt* devrait se déguster sans glace pour que les saveurs puissent vraiment être appréciées.

Au risque de faire tomber un mythe, il faut savoir que l'invention du whisky revient aux Irlandais. Les Écossais l'ont ensuite magnifié. Un grand nombre de clans a fait fortune grâce au whisky. J'ai pu découvrir le VRAI whisky, dont celui des Highlands, préparé à la fumée de tourbe. Le goût, assez spécial, est bien fort, tout autant que la teneur en alcool ! Il est loin le whisky soda de ma jeunesse. Sacrilège pour moi aujourd'hui, je me demande comment nous pouvions boire une mixture pareille ! Ici, le whisky se savoure sans glace, ou parfois avec un filet d'eau, mais en tout cas, sans être mélangé à quoi que ce soit. Les amateurs déclarent haut et fort que c'est inutile de boire un verre de whisky si c'est pour masquer son goût. Tout Écossais qui se respecte vous dira que l'eau du robinet est déconseillée, car elle contient une grande quantité de chlore. Le meilleur choix possible est la bouteille d'eau minérale écossaise ! Il est consommé en apéritif ou en digestif et parfois en accompagnement de certains plats. D'une marque à l'autre, les différences sont notoires même lorsque l'on n'est pas un grand connaisseur. En fait, le mot *whisky*, signifiant « eau de vie » en gaélique, est un terme générique. Lorsqu'il

WHISKY

DES POTINS SUR CETTE BOISSON

- Pour son vieillissement, le whisky peut être mis dans des fûts de rhum, de Porto ou de Bordeaux rouge. Son arôme et sa saveur en découleront.
- Le bourbon est un whisky à base de maïs, essentiellement produit aux États-Unis.
- La coloration du whisky se fait fréquemment à base de caramel.
- Certains whiskies peuvent vieillir en fût pendant 50 ans avant d'être mis en bouteille.
- Pendant la prohibition aux États-Unis, l'île française de Saint-Pierre-et-Miquelon a servi de tremplin aux producteurs fraudeurs.
- Des chercheurs écossais sont parvenus à produire du biocarburant, le butanol, à partir de résidus de whisky. Il serait plus efficace que l'éthanol.
- Sean Connery est fortement critiqué pour avoir vanté les mérites d'un whisky japonais dans une publicité.
- Un verre de whisky fournit 3,5 plus de calories qu'un verre de vodka.
- Depuis six ans, la Corse produit du whisky.
- Winston Churchill, mort à 91 ans buvait un verre de whisky avec de l'eau gazeuse à chaque petit déjeuner.

provient d'Écosse, il s'appelle « Scotch whisky ». Depuis treize ans, des appellations protégées stipulent que le taux d'alcool doit atteindre un minimum de 40° et vieillir en fût pendant au moins trois ans sur le sol écossais. Elles sont restreintes au nombre de cinq. Tout le monde connaît le pur malt, fabriqué uniquement à partir d'orge, c'est le plus cher de tous. Les whiskies de grain ou ceux qui résultent d'un assemblage, les *blended*, sont les plus consommés dans le monde, car moins onéreux. Le whisky est omniprésent à Édimbourg. Dans le bar d'un hôtel, j'ai vu, les yeux écarquillés, une collection de plus de sept cents bouteilles recouvrant les murs. Pour en apprendre davantage, le Musée du whisky écossais, situé à côté du château d'Édimbourg, retrace les trois siècles d'histoire de sa fabrication. La visite est amusante et très instructive. J'apprends toutes les étapes par lesquelles doit passer ce liquide ambré si particulier, du maltage au vieillissement, en passant par le brassage, la fermentation et la distillation. C'est un peu comme la découverte des vrais spaghettis à la carbonara lors de mon passage à Rome : je ne goûterai plus jamais ce nectar de la même façon.

GASTRONOMIE FESTIVE

« Nous sommes ici au pays du mouton et du bœuf ! Je m'amuse toujours à lire le menu sur la vitre ou la porte des restaurants. Ils racontent beaucoup de choses sur les habitudes et les traditions culturelles d'un pays. »

Vous prenez des abats de mouton, à savoir les poumons, le foie et le cœur, auxquels vous ajoutez de l'oignon, de la farine d'avoine, de la graisse de rognon de mouton et quelques épices, dont la muscade. Vous mélangez bien le tout avant de mettre la farce dans une panse de brebis bien propre et vous laissez cuire dans une marmite pendant au moins trois heures. À la sortie, vous aurez le plat national : le *haggis*. À servir, selon la tradition, avec deux variétés de purées, pomme de terre et rutabaga. La recette m'a été indiquée telle quelle. Je crains juste de ne pas avoir saisi toutes les nuances de la préparation… Certes, si ce plat peut sembler rustique avec tous ces abats, c'est plutôt bon, bien relevé et bien moins sec que je ne le croyais. Cette recette aurait été imaginée par des chasseurs afin de pouvoir cuisiner sans l'aide de récipients de cuisine. Un mouton leur suffisait.
Le *haggis* est indissociable de la *Burns night* (nuit de Burns) célébrée chaque année le 25 janvier. Depuis environ deux cents ans, toute l'Écosse fait honneur à son plus grand poète, Robert Burns. « Le fils préféré de l'Écosse », ainsi nommé, composait aussi des chants traditionnels. Son poème, *Ode au*

Haggis
Très traditionnel, le *haggis* appartient à la famille des saucisses. On le trouve chez le boucher mais aussi en barquette pour micro-ondes dans les supermarchés !

De l'agneau
Outre le porridge, le saumon et les scones, les Écossais consomment une grande quantité de viande, en particulier de l'agneau, préparé à toutes les sauces.

haggis justifie à lui seul la dégustation du plat national ce jour-là. Dans la pure tradition, le *haggis* est présenté sur la table au son de la cornemuse. Les invités déclament à tour de rôle des poèmes de Burns et poussent la chansonnette. Le whisky coule à flots… Le mets est proposé dans quelques restaurants à Édimbourg, mais il faut bien le chercher en dehors de cette période et de la Saint-Sylvestre. Il se décline en plusieurs versions, y compris le végétarien : le boyau est alors synthétique. D'une façon générale, les Écossais sont de grands consommateurs de viande. À Édimbourg, j'ai pu vérifier à quel point l'agneau prend une grande place dans les assiettes. Rôti, en ragoût, en cari, en croûte… De même, l'avoine semble être un incontournable dans les produits de base, comme le pain et le fameux *porridge* (bouillie au lait et au sucre). Très costaud au petit déjeuner…

En revanche, le saumon fumé est un vrai délice. En faisant des recherches sur la gastronomie, j'ai appris que la pratique de l'élevage du saumon est née en Écosse et en Norvège dans les années 1960. La pêche intensive a dramatiquement diminué la population du poisson. L'élevage se fait essentiellement dans les eaux des côtes atlantiques, réputées pour leur clarté. Je ne suis pas très étonné de voir que les Français sont les deuxièmes consommateurs derrière le Japon. Je fais partie des statistiques, sans aucun doute.

ÉDIMBOURG PRATIQUE

Édimbourg, la capitale de l'Écosse dont le centre est classé au Patrimoine mondial de l'**UNESCO**, se visite essentiellement à pied. Au gré des rues étroites de la Vieille Ville (Old Town) dominée par son château, on passe tranquillement aux belles avenues de la Nouvelle Ville (New Town) et son élégant patrimoine du XVIIIe siècle. Vivante et parfois mystérieuse, la ville célèbre pour ses festivités attire environ un million de visiteurs par an. Deux fois sa population !

Superficie : 260 km^2
Population : 500 000 habitants
Régime politique : monarchie constitutionnelle
Religions : presbytérienne, catholique
Langue(s) : anglais et gaélique
Monnaie : livre sterling (£)

Horaires d'ouverture

Les pubs et les bars restent ouverts jusqu'à 1h du matin, le vendredi et le samedi. Ils ferment plus tôt les autres jours de la semaine. Les magasins accueillent la clientèle de 9h à 17h30 du lundi au samedi, et jusqu'à 20h le jeudi, et parfois le dimanche de 11h à 17h.

Climat

Édimbourg n'est certes pas connue pour ses étés caniculaires. Comme partout au Royaume-Uni, la météo est changeante. S'il est possible d'avoir du soleil, de la neige et de la pluie dans une même journée, il est plus rare d'avoir le même temps pendant longtemps. Le vent est très présent en raison de la position de la ville entre la mer, l'estuaire du Forth et les montagnes.

Coût de la vie

Les prix sont, en général, plus élevés qu'à Paris. Tout comme à Londres, les pubs proposent un plat unique bon marché et souvent très bon.

Transports

Le bus est sans aucun doute le mode de transport public le plus répandu. Il est très facile de louer un vélo, à la demi-journée, à la journée ou à la semaine.

Hébergement

Auberges de jeunesse, *Bed & Breakfast*, hôtels toutes catégories, les offres répondent aux moyens de chacun. Là aussi, la situation est identique à celle de Londres. Compte tenu des multiples festivals attirant une foule de touristes, les réservations s'imposent très longtemps à l'avance.

Gastronomie

Après une première tasse de thé bue au lever (*early morning tea*), le petit déjeuner, un repas à part entière, est en général servi un peu plus tard. Le déjeuner s'appellerait plutôt collation. L'heure du thé, véritable institution britannique, commence vers 16h30. Le dîner se déroule aux heures habituelles françaises. La cuisine écossaise propose un bon choix de produits frais : légumes, gibiers, poissons et viandes. Le marché du terroir d'Édimbourg, sur Castle Terrace, prend place tous les samedis de 9h à 14h et présente toutes sortes de produits régionaux.

Les lieux

Ses nombreux restaurants et pubs font de Grassmarket, point névralgique de l'Old Town au sud du Royal Mile, l'un des spots les plus en vue de la vie nocturne d'Édimbourg. On accède à cette grande place par le George IV Bridge et la Victoria Street, étonnante rue accrochée à flanc de coteau. À l'angle sud-est de l'esplanade, où les condamnés à mort étaient exécutés, Candlemaker Row part en direction de l'une des églises les plus célèbres d'Édimbourg, Greyfriars Kirk.

La ville verte

Édimbourg se vit à vélo ou à pied. Cette ville est une source intarissable de balades en tout genre, au bord de l'eau ou au cœur des parcs. Les transports en commun verts abondent depuis déjà plusieurs années, dont les bus électriques. La municipalité développe sans cesse sa politique de réduction des déchets.

Sophie à STOCKHOLM

Ville d'eau par excellence, Stockholm vit au rythme de la lumière et de la pénombre. Haut lieu du design, elle mêle quiétude et créativité en toute harmonie. Le royaume des enfants connaît une prospérité unique en Europe.

Ville d'eau
Le quartier de Riddarholmen vu depuis l'hôtel de ville.

Caviar suédois
Sous ce packaging très scandinave, du caviar... suédois !

LA BEAUTÉ SUR L'EAU

« À pied ou en bateau, la capitale suédoise dévoile ses splendeurs naturelles sur un rythme lent. Je saisis rapidement pourquoi l'on me dit sans cesse qu'il fait bon y vivre. »

L'arrivée à Stockholm est un enchantement. Plus qu'une ville, je découvre un archipel de petites îles posées devant la mer Baltique avec, de l'autre côté, le lac Mälaren. Beauté et volupté sont les deux mots qui me viennent instantanément à l'esprit. Afin de me mettre dans l'ambiance, je m'applique d'abord à dire *God dag*, bonjour, au vendeur de la première baraque à harengs sur mon chemin. Frit ou fumé, j'hésite… Je n'aime vraiment pas ce poisson, plein d'arêtes. J'y ai goûté juste pour faire mon baptême stockholmois. La plus grande des villes scandinaves est réputée pour sa qualité de vie. À pied ou en bateau, la capitale suédoise dévoile ses splendeurs naturelles sur un rythme lent. Je saisis rapidement pourquoi l'on me dit sans cesse qu'il fait bon y vivre. Comme les Berlinois, les habitants de Stockholm sont aussi de fervents cyclistes urbains. Mais cela n'empêche pas 250 millions de passagers d'emprunter chaque année le métro, la plus grande galerie d'art urbaine répartie sur une centaine de stations. Chacune d'entre elles possède son propre style artistique. Je prends le plus beau métro du monde pour retrouver Dan qui me guide à travers SoFo, le nouveau quartier branché des jeunes créateurs et designers, sur l'île de Södermalm. Des boutiques vintage jouxtent des magasins truffés d'objets et de meubles originaux ou kitsch. À tous les coins de rue, de petits restaurants et des bars invitent à se prélasser sur leur terrasse. Il reste à peine quelques traces de l'ancien quartier ouvrier.

Malarstrand

En fin de journée, la lumière est somptueuse sur les quais de Malarstrand, sur le Riddarfjärden.

Art métro

À Stockholm, les stations de métro sont de véritables galeries d'art...

Gamla Stan

Dans la vieille ville, dans le quartier de Stadsholmen, des maisons de riches marchands du XVe et XVIIe siècles bordent les quais de Skeppsbron.

Musée Vasa

Quarante ans après son renflouement, en 1950, le *Vasa* a pu être reconstitué. Un travail minutieux d'experts toujours en cours.

Sur le pont

Katarina reçoit uniquement les chefs d'États et les souverains sur le pont du *Vasa*. Mais les non privilégiés ont parfois leur chance...

Ma seule visite tournée vers le passé de la ville est réservée au musée Vasa. Il abrite un vaisseau de la flotte royale dont l'histoire est affreusement courte. En effet, en 1628, son voyage inaugural sera aussi le dernier. Quelques minutes après sa mise à l'eau, ce bateau à trois mâts tout en bois sombre en plein Stockholm. Personne ne connaît vraiment la raison de ce naufrage. Dans les années 1950, un archéologue découvre l'épave mais il faudra quatre décennies pour reconstituer le navire en un seul morceau, presque intégralement à l'identique. Grâce à l'eau très peu salée de la mer Baltique, les pièces de ce fantôme des profondeurs sont restées étonnamment intactes. Le vaisseau Vasa représente un fort symbole pour les Suédois. Seuls les chefs d'États et les rois ont le privilège de monter sur son pont. En compagnie de Katarina, responsable du projet depuis des années, je suis flattée de pouvoir, moi aussi, mettre le pied sur ce monument des mers, dont on tente toujours de reconstituer les couleurs d'origine. Dans un excellent français, mon hôtesse, navigatrice, me confie que la mer, sa grande passion, l'a conduite vers « ce fiasco devenu musée ».

Garde royale

Une sentinelle de la garde devant le Palais Royal.

LA MAISON BERNADOTTE

UN ROI POUR LA SUÈDE !

Depuis presque deux siècles, la dynastie Bernadotte règne sur la Suède. Charles XIV Jean, d'origine française est le premier de la lignée à monter sur le trône, occupé aujourd'hui par Charles XVI Gustave. J'ignorais que nous avions donné un roi à la Suède !
Si l'attachement des Suédois à leur famille royale semble moins passionnel que celui des Anglais envers la leur, ils ont toutefois en commun la relève de la garde. Moins spectaculaire qu'à Buckingham Palace, la suédoise n'en est pas moins sérieuse.
Je remarque un cercle noir tracé au sol, juste devant le garde.
Je m'avance et hop ! Il lève immédiatement la main comme un automate tout en émettant un drôle de son qui me fait bondir en arrière. Le cercle est de toute évidence la limite à ne pas dépasser.
Je ne peux pas résister. Je recommence...

UN PEUPLE DE MARINS

Auberge de jeunesse

Le voilier *STF Vandrarhem af Chapman & Skeppsholmen* accueille une auberge de jeunesse offrant 160 lits dans des chambres de 2 à 15 personnes.

« On raconte que les Suédois ne quittent jamais la Baltique des yeux. La mer semble couler dans leurs veines depuis la nuit des temps. »

Excellents marins, les Vikings ont écumé les océans du Groenland à la Sicile et remonté les fleuves d'Europe et de Russie. Qualifiés de barbares, cruels, païens, mercenaires, pillards ou sanguinaires, les Vikings ont toujours eu une réputation sulfureuse. Certains spécialistes de la culture scandinave proposent une lecture plus nuancée de leur histoire. Sans aller jusqu'à dire que les Vikings étaient des enfants de chœur, ils rétablissent la réalité historique, à savoir que ces peuples nordiques étaient avant tout des marchands, de grands artisans et des bâtisseurs de navire exceptionnels. Quant aux casques à cornes qui leur servent toujours de couvre-chef dans *Astérix*, ils n'auraient jamais existé...

Les Suédois d'aujourd'hui, toujours aussi passionnés par la mer, se réfèrent à leurs ancêtres avec, on peut le dire, une petite pointe de fierté.

Majestueux
Ce voilier majestueux datant de 1888 est ancré face à Gamla Stan, la vieille ville. Un hébergement original dans un environnement exceptionnel.

Sophie à Stockholm

Marché aux poissons

Dans le marché couvert à Olstermalmstorg, la ville nouvelle, on peut admirer les saumons frais et fumés, les harengs marinés et autres spécialités suédoises.

Jusqu'à récemment, les routes n'existaient pas dans certains villages. Seul le bateau permettait de circuler. Pour Peter, le pêcheur, vivre au bord de la mer c'est jouir de la liberté de sortir quand on le souhaite. Avec 8 000 km de côtes, l'accès à la mer est un jeu d'enfant… Lui et son acolyte Christian ont englouti toutes leurs économies dans un bateau de pêche. Chaque jour, ils rapportent le fruit de leur labeur à Göteborg, le plus grand port scandinave, là où se négocient homards, poissons et autres crustacés venus de tout le pays. Les tempêtes de la Baltique ne les effraient pas. Ils disent que, depuis des millénaires, les Suédois ont toujours survécu grâce à la pêche. De son côté, Jan se consacre au ramassage des huîtres. « Je suis un être humain aquatique ! » dit-il avec un grand sourire. Dès l'âge de cinq ans, il passait tout son temps dans l'eau. Il rêvait même de vivre sous l'eau. Un rêve qui se réalise d'une certaine façon… Toute arrivée en bateau à Stockholm est exceptionnelle. La navigation à travers les chenaux donne à voir un incroyable chapelet d'îles. Autant d'oasis de verdure où semble régner une apaisante tranquillité. Nous apercevons des voiliers, des ferries ou des navires de croisières, dont les occupants ont tous les yeux rivés sur le large prometteur de la petite mer Baltique. Ils ignorent sans doute que la belle est malheureusement menacée par une intense pollution rongeant ses fonds. Les algues prolifèrent, l'oxygène manque et l'homme ajoute sa mauvaise pierre en rejetant des résidus d'engrais. À l'origine un lac d'eau douce, cette mer a fini par réveiller les consciences. Un vaste programme d'épuration est en marche. Espérons qu'il suffira à gommer cette ombre sur un tableau pourtant d'une beauté si pure.

Sur l'île

Sur l'île de Sodermalm, l'église Katarina est l'une des plus importantes de Stockholm. Elle a été reconstruite après un incendie ravageur en 1990.

D'ÎLES EN ÎLES

« Pas moins de 24 000 îles forment l'archipel de Stockholm, dont quatorze principales. »

L'une d'entre elles, Stadsholmen, (dont je n'arrive jamais à prononcer correctement le nom) abrite la vieille ville de Gamla Stan, le cœur historique de la capitale. Elle attire des hordes de touristes grâce au charme de son architecture médiévale et au musée Vasa. Sa voisine, beaucoup plus grande, compte seulement 800 habitants. Elle est occupée en totalité par un gigantesque parc et des musées, une autre grande attraction touristique. Sur le ferry, je discute avec une passagère dont la vie professionnelle est urbaine, mais pour qui rien ne vaut son île

Cœur historique

Sur l'île de Stadsholmen, la vieille ville de Gamla Stan est le cœur historique de Stockholm.

verte : Grinda. Je me réjouis de passer la nuit là-bas, dans une maison tout en bois au milieu des arbres. Deux heures de bateau plus tard me voici sur cette île où les voitures sont bannies... mais pas les quads. Karl m'attend sur l'embarcadère pour me conduire chez lui. Sa demeure, construite au début du XXe siècle, serait hantée par un fantôme. Comme toutes les autres, paraît-il... Hugo, son petit garçon, me montre la photo de l'esprit qui rôde toujours dans la maison. Alfi était la femme du premier propriétaire. Lorsque ce petit bonhomme me raconte qu'il a dormi avec elle dans le salon, je refuse d'en savoir plus... Karl, son quad et moi partons visiter la petite île. Au fil de notre balade, je peux comprendre pourquoi il est amoureux de cet endroit. Les paysages sont de toute beauté. Rochers et forêts bordent des criques où le bleu de l'eau vient trancher admirablement avec le vert des arbres. Cette petite île habitée depuis le Moyen Âge est un paradis.
Les Suédois ont la réputation d'être timides. Lorsque je demande à Karl ce qu'il en pense, sa réponse est sans détour : « Nous ne sommes pas timides mais juste tranquilles. Ce n'est pas la même chose, n'est-ce pas ? » Comment ne pas être « tranquille » dans un tel environnement...
La propriété est équipée de trois saunas. Très important, le sauna ! Il permet d'affronter les rigueurs hivernales, mais aussi de partager des moments en famille, entre amis ou entre collègues. Pendant le sauna, il n'est plus pos-

Archipel
L'archipel de Stockholm est l'un des plus importants de la mer Baltique. Il compte quelque 30 000 îles de toutes les tailles.

Esprit domestique
C'est étonnant de voir un petit garçon montrer la photo de la personne dont l'esprit rôde dans la maison...

sible de masquer ce que l'on pense, m'explique Karl. Ainsi, les décisions professionnelles se prennent parfois autour des pierres volcaniques surchauffées. Les Vikings ont découvert la tradition du sauna en Russie et l'ont adoptée. Aujourd'hui, il serait impensable qu'un immeuble, un jardin public ou une maison particulière ne possède pas le sien. Sur une île telle que Grinda, la pratique du plongeon dans l'eau glacée est plus facile qu'en ville. Je ne peux m'y résoudre, comme ce fut déjà le cas à Saint-Pétersbourg. Tant pis pour ma réputation de frileuse, je ne suis pas une adepte du choc thermique !

Havre de paix

À deux heures à peine du centre ville, l'île de Grinda est un havre de paix, choyée par ses habitants qui n'iraient vivre ailleurs pour rien au monde.

ALFRED NOBEL

UNE TRACE PHILANTROPIQUE

Sur la petite île de Stadsholmen, le musée Nobel occupe l'un des plus beaux bâtiments du XVIIIe siècle. Alfred Nobel, ingénieur chimiste, parlait couramment cinq langues étrangères. Un enseignement imposé par son père qui refusait de mettre ses enfants à l'école. Grand solitaire qui a consacré toute sa vie à la science, Alfred Nobel est l'inventeur de la dynamite. Il a laissé derrière lui une immense fortune pour la création d'une fondation dont le revenu des valeurs mobilières est reversé chaque année à titre de récompense. Depuis 1901, des lauréats du monde entier se voient remettre ce prix international, immense reconnaissance pour les scientifiques, les écrivains ou les humanistes. Sept cents prix ont été décernés depuis cette date, dont une quarantaine attribués à des Français. Ils sont remis le 10 décembre, à Stockholm et à Oslo, date commémorative de la mort d'Alfred Nobel.

Au bord de l'eau

Le sauna est omniprésent chez les Suédois. Il suffit d'une petite cabane au bord de l'eau...

LES JARDINS DU BONHEUR

« Sans l'amour du jardinage de la reine Josefina, je n'aurais sans doute jamais eu le plaisir de me promener dans la vallée des Roses, officiellement les jardins de Rosendal. »

Sur l'île de Djurgården, les plantations ont commencé à sortir de terre au XIXe siècle. Peu prospères pendant de nombreuses années, elles font aujourd'hui partie de la vie des Stockholmois.

Pour me mettre au parfum, Antoine, le chef jardinier d'origine française, m'explique d'emblée que Stockholm se divise en trois morceaux : un tiers d'eau, un tiers de parcs et de bois et un tiers d'habitations. Je sens bien qu'il est en train de me dire à quel point la ville est verte. Ici, aucun engrais ou pesticides ne sont utilisés. Uniquement le compost. Quelque quatre cents arbres fruitiers s'alignent près d'un parterre de fleurs

Pleine nature

Sur l'île de Djurgården, l'immense parc permet de se retrouver en pleine nature. On peut ici découvrir la tradition des constructions en bois.

et de légumes. Dans les serres, des tomates et des choux-fleurs s'épanouissent comme dans une couveuse. Après un petit tour en tracteur, j'accompagne Antoine vers les plantations de tabac en pot, qu'il s'apprête à repiquer. Je plonge allègrement mes mains dans la terre tout en papotant. Il me raconte des histoires de légumes... et la rapidité à laquelle ils peuvent parfois pousser. Les journées de 20 heures d'ensoleillement ont du bon ! Tous ces produits frais, vendus sur place, remplissent également les assiettes des clients du petit café restaurant, lui aussi sous une serre. Les enfants sautillent et s'égosillent un peu partout, les poussettes se comptent par dizaines. C'est l'un des endroits de Stockholm où l'on vient prendre son goûter, entendez le *fika*. Antoine insiste sur le fait que c'est différent de notre goûter de quatre heures. C'est avant tout une pause, le matin ou en début d'après-midi. Avec ses délicieuses petites brioches à la cannelle, la pause *fika* est une institution pour les Stockholmois, de préférence attablés à l'extérieur. Mais attention, souligne Antoine, ici on ne trempe pas la brioche dans sa tasse...

Impossible d'être sur cette île sans visiter le Skansen, gigantesque musée à ciel ouvert. Fondé en 1891, il rassemble cent cinquante maisons venant de tout le pays. Arthur Hazelius, le fondateur, avait à cœur de préserver les traditions du passé. Il n'était pas question de construire ou de faire semblant, mais de reconstituer. Il ne manque rien : fermes, églises, petites rues pavées et, surtout, des artisans habillés en costumes d'autrefois. Ils soufflent le verre, cuisent du pain, rabotent de belles planches en sapin ou racontent des histoires du bon vieux temps. Un parc zoologique complète ce tableau assez surréaliste. Ours, élans, rennes et autres animaux scandinaves font partie du décor. Un régal pour les enfants, déjà si bien choyés...

LE PAYS DES ENFANTS ROIS

« Sans l'ombre d'un doute, il fait bon grandir en Suède ! Je suis frappée par le nombre d'enfants que l'on voit partout. »

Mais je suis surtout frappée par tous ces papas à poussette ! Les parcs ressemblent à des écoles maternelles à ciel ouvert. Et l'on trouve partout des aires de jeux et toute une gamme de divertissements pour les enfants. Depuis quelques années, la Suède connaît un réel baby boom, encouragé par le gouvernement. L'enfant suédois est clairement au cœur des priorités ! Dès son plus jeune âge, il apprend deux langues étrangères : le français et l'anglais. Aucun programme ne lui est imposé. Tout repose sur l'éveil de sa curiosité et sur son développement personnel. Les cuisines de grands restaurants peuvent ainsi se transformer en atelier pour chérubins. À chaque coin de rue, des magasins leur sont dédiés et, dans les boutiques pour adultes, il

Grandir en Suède
En Suède, il n'existe pas de limite pour favoriser le développement personnel des enfants.

Petits rois

**La politique familiale suédoise a favorisé un fort taux de natalité.
Tous les parcs de Stockholm offrent des équipements pour les petits rois.**

est tout à fait normal qu'un espace leur soit consacré. Stefan, en congé pour s'occuper de sa petite fille, est convaincu que tous les parents suédois sont des *baby lovers*. Il m'explique qu'ils peuvent se partager 480 jours de congés parentaux, rémunérés à 80 % ! Chacun des deux parents doit obligatoirement prendre 60 de ces jours, le reste étant ensuite réparti à leur convenance. La politique familiale est faite pour équilibrer le partage des tâches entre hommes et femmes. La parité entre les sexes n'est pas un vœu pieux ici ! Les papas sont largement incités à rester à la maison. Ce système est unique au monde. Il pourrait s'assimiler à une sorte de laboratoire à grande échelle. De l'extérieur, il semble être le modèle idyllique. Mais quand même, il doit bien y avoir des failles ici ou là… En attendant, le nombre de choses créées pour faciliter la vie de chacun est inouï. Les escaliers, par exemple, sont équipés de rails pour monter ou descendre les poussettes. Le moindre café ou restaurant, du plus simple au plus étoilé, met à disposition des chaises hautes.

Ici, protection rime avec liberté. La Suède est le premier pays au monde à avoir interdit les châtiments corporels dans les années 1970. La publicité est réglementée pour ne pas influencer les enfants. Celles destinées aux

adultes, par exemple, ne doivent pas être diffusées avant ou après des émissions pour les enfants de moins de 12 ans.

Dans le parc de Scansen où les enfants peuvent explorer une multitude de choses, je remarque un jeu de piste. À mon plus grand étonnement, il se termine sur un puits de tétines. De toutes les couleurs, elles gisent là entourées de quelques biberons. L'un de nos premiers renoncements lorsque l'on grandit est, ici, tout simplement scénarisé, ou plutôt ritualisé. Ils pensent vraiment au moindre détail !

Baby-boom

Sur neuf millions d'habitants, le pays compte deux millions d'enfants de moins de 18 ans.

FIFI BRINDACIER

FÉMINISTE AVANT L'ÂGE !

Un grand sourire, des tresses rousses comme des petites cornes, des taches de rousseur, tout le monde connaît Fifi Brindacier, appelée *Pippi Långstrump*, en suédois (« Pippi longues chaussettes »). Héroïne d'une série de romans, dont le premier fut publié en 1945, elle incarne tout le contraire de la petite fille modèle : fille de pirate, elle vit seule à l'âge de neuf ans, peut soulever une vache, possède une valise de pièces d'or, brave tous les interdits et invente les situations les plus rocambolesques. Elle sait se défendre et vient en aide aux plus démunis. Rebelle, féministe avant l'âge, extravagante et hors normes, elle a suscité bien des polémiques quant à l'influence de son personnage sur les enfants. Les livres ou séries télévisées sont bannis dans un certain nombre de pays conservateurs ou dictatoriaux, pour leur caractère dit subversif.

L'ART DE VIVRE À LA SUÉDOISE

« Même dans le froid hivernal, la chaise longue est toujours prête devant la maison. La lumière et le soleil régissent la vie des Stockholmois. »

Triangle d'or

Le triangle d'or de l'art et du design à Stockholm se situe entre l'Église française, les halles d'Östermalm, et la place de Stureplan.

Prendre du bon temps à chaque fois que cela est possible, voilà l'art de vivre à la suédoise. Savoir se poser hors des heures de travail. Avec seulement six heures de lumière par jour en hiver, on peut comprendre l'envie de sortir si le temps le permet. C'est exactement ce que je suis en train de faire. Le froid est mordant, mais le ciel est bien bleu. En passant près d'un parc, je suis invitée à me joindre à une partie de *kubb*. Un jeu tribal, d'origine viking. Une sorte de combinaison entre le jeu d'échecs et le jeu de quilles. Munie d'un bâton, je dois renverser les blocs de bois de l'équipe adverse. Pas facile… J'essaie de comprendre les règles. Délaissé dans de vieilles malles pendant longtemps, ce jeu suscite à nouveau un grand engouement en Suède. Pour jouer, il suffit d'une pelouse, d'un rectangle délimité par quatre piquets, d'une dizaine de joueurs, de vingt et une pièces et de beaucoup d'adresse !

Lorsque le froid n'est plus supportable, on se confine à la maison. En hiver, elle devient le cocon familial où l'on enlève ses chaussures

À vélo

Qu'il vente ou qu'il pleuve, le vélo reste le moyen de déplacement favori des Stockholmois.

Design scandinave

Épuré, toujours fonctionnel, doté d'une certaine élégance, le mobilier suédois nous rend depuis longtemps admiratifs...

Avant-gardiste
Un fauteuil *Peekaboo* du manufacturier Bla Station, créé par Malin Lindau.

dès la porte franchie. Je suis admirative du design suédois. Maisons ou objets, leur style est souvent épuré, toujours fonctionnel et doté d'une certaine élégance. Avant-gardiste, inventif, nous le connaissons très bien ! Il s'est exporté dans le monde entier. En revanche, j'ignorais tout de la façon dont les Suédois se comportent entre eux. J'adore ce moment où l'on découvre les civilités dans un pays.

Ici, par exemple, on préfère l'accolade aux bises. Pour les latins que nous sommes, ce geste peut paraître plus distant. En fait, il exprime juste une certaine réserve. Et de façon presque paradoxale, tout le monde se tutoie. Éric, mon compagnon de route pour la journée, m'explique d'un air amusé que, il y a quelques années, le ministre des Affaires sociales avait encouragé le tutoiement dans son administration. Une majorité de Suédois, très disciplinés selon lui, ont pris cette suggestion à la lettre ! Éric théorise sur le côté à la fois tranquille, égalitaire et inventif qui caractérise la vie suédoise. J'apprends, en effet, que nous sommes sur une terre d'invention, du réfrigérateur au stimulateur cardiaque, en passant par la dynamite. Épargnée par les deux guerres mondiales du XXe siècle, un essor économique spectaculaire, une jeunesse grandissant sans problème d'argent ou de futur, une pauvreté quasiment inexistante… La paix et la prospérité ont façonné la vie au quotidien. Et aujourd'hui, Stockholm est reconnue comme un véritable modèle de vie urbaine.

STOCKHOLM PRATIQUE

Stockholm, capitale et centre culturel des pays nordiques, offre un visage étonnant avec ses parcs naturels, ses îles et son modernisme affirmé. En quelques tours de pédale ou de rames, on traverse le centre-ville et ses maisons du XVIIIe siècle pour rejoindre l'un des nombreux musées à l'architecture étonnante. Rencontrer les Suédois, dont l'accueil n'a d'égal que la beauté des paysages de leur pays, c'est plonger dans ce qui n'est finalement pas une utopie : une société idéale où nature et hommes vivent en harmonie tout en inventant le futur.

Horaires d'ouverture
La plupart des magasins ouvrent de 9h à 18h30 du lundi au samedi. Les grandes surfaces sont ouvertes plus longtemps, de 9h à 20h, voire 22h pour certaines, ainsi que le dimanche matin. Les restaurants servent le repas de 11h à 14h, pour le déjeuner, et de 17h à 21h en moyenne pour le dîner.

Superficie : 187 km²
Population : 850 000 habitants
Régime politique : monarchie parlementaire
Religion : luthérienne
Langue : suédois
Monnaie : couronne suédoise (SEK)

Climat
Il est de type continental. Les saisons sont très marquées avec des hivers froids et des étés doux à chauds, ceci étant dû à la grande différence dans la durée de la journée entre le solstice d'été (18 heures de jour) et le solstice d'hiver (6 heures de jour). Les records de température à Stockholm sont de 34 °C au maximum et -26 °C au minimum.

Coût de la vie
Les prix sont légèrement moins élevés qu'en France.

Transports
Traverser Stockholm du nord au sud ou de l'est à l'ouest prend un peu plus d'une heure à pied. La ville met à disposition des bornes à vélos. Les transports en commun se révèlent très utiles en hiver quand les rues sont impraticables.

Hébergement
Auberges de jeunesse, chambres chez l'habitant, hôtels toutes catégories, tout existe à Stockholm. Les hôtels sont presque tous de très bon confort.

Gastronomie
Le matin, on peut trouver côte à côte sur la table du petit-déjeuner du pâté de foie, du fromage, des légumes et du thé. Le midi, on mange sur le pouce, et le dîner a lieu vers 18 heures.
Le poisson frais est assez cher. Les plats principaux sont généralement constitués de viande de renne ou d'élan. En boulettes ou en lamelles, on les accommode de confiture d'airelles ou de fruits rouges, le tout accompagné de pommes de terre. Le *knäckebröd* est ce délicieux classique pain craquant suédois, décliné sous des formes diverses. On en trouve de tous types, à la farine blanche, complète ou brune, avec ou sans céréales.

La ville verte
Le centre-ville est bien moins encombré et pollué que la plupart des autres capitales européennes, tendance qui s'accentue depuis que la ville a mis au point un système de péage urbain : aux heures de pointe, entrer ou sortir du centre coûte jusqu'à 20 SEK par véhicule. Écoquartier, chauffage urbain, transports publics, circulation automobile... La ville suédoise a été récompensée par la Commission de Bruxelles : elle a été sacrée championne de l'environnement en 2010.

Shopping
L'Art s'écrit avec un grand A, le Design avec un grand D et le Shopping avec un grand S ! Cette ville regorge de boutiques en tout genre, entre mode, arts décoratifs, galeries contemporaines ou petites épiceries fines.

Sophie à LYON

Un voyage réussi à Lyon passe par une aventure gastronomique qui commence dès l'arrivée à la gare de la Part-Dieu. Et lorsque la ville lumière offre ses apparats à la nuit tombée, attablée dans un bouchon, il est temps de savourer quelques cochonnailles autour d'un pot de vin.

Place Bellecour

Statue équestre de Louis XIV sur fond de grande roue sur la place Bellecour.

Mémoire de fil

Bobines de fil à la Maison des Canuts.

UNE VILLE GOURMANDE

« Des étals colorés exhalent des arômes tous plus appétissants les uns que les autres. Comment résister à une telle profusion ! »

À deux pas de la gare de la Part-Dieu, les Halles de Lyon, lieu emblématique de la gastronomie lyonnaise, ont été réhabilitées et rebaptisées halles Paul-Bocuse, en 2006. Une soixantaine de commerçants et artisans y proposent une magnifique variété de produits du terroir. Je rencontre Joseph Viola, restaurateur à l'abord extrêmement sympathique. Je ne pouvais pas imaginer mieux pour faire une balade dans les allées. Je le suis dans sa tournée quotidienne, dont je sens bien qu'elle représente un moment privilégié de sa journée. Des brochets pour les quenelles ici, des cols verts là, du saint-marcellin chez la Mère Richard, des saucissons chez Colette et, enfin, des tartes croquantes aux pralines bien roses. Le chef est connu comme le loup blanc. De petites tables

Délices

Dans les Halles de Lyon, temple de la gastronomie, impossible de résister aux délices tous plus alléchants les uns que les autres. Ici, la tarte aux pralines.

L'ambassadeur
À Lyon, la nourriture figure au centre de toutes les discussions et Paul Bocuse reste toujours l'ambassadeur incontesté de la gastronomie lyonnaise.

disposées un peu partout permettent aussi de déguster des huîtres ou de grignoter de la cochonnaille. La nourriture figure au centre de toutes les discussions. J'entends, par exemple, qu'il faut être un Lyonnais pour savoir que la cervelle de canut n'est pas de la cervelle mais du fromage blanc aux fines herbes...

Vêtu d'une veste blanche à col tricolore, Joseph me raconte que, dans son adolescence, il avait vu un portrait de Paul Bocuse portant ce vêtement. Il en ignorait alors la signification, mais savait qu'il voulait, lui aussi, le porter un jour. « J'ai compris plus tard que la chemise de Meilleur Ouvrier de France ne s'achète pas mais se mérite ! » Ce fut son cas, en 2004.

La légende Paul Bocuse continue de faire rêver toute une génération de cuisiniers en herbe. Ils viennent dans son Institut des arts culinaires pour découvrir le secret des écrevisses au pouilly-fuissé, du poisson en croûte feuilletée, de la soupe aux truffes, du carré d'agneau à la fleur de thym et bien d'autres gourmandises. Pas moins de trente-cinq nationalités apprennent ici les recettes immuables de celui dont on ne compte plus les médailles et que l'on désigne comme le pape de la cuisine française. À 85 ans, coiffé de sa haute toque d'un blanc immaculé, il trône toujours dans l'Auberge du Pont de Collonges qui appartenait déjà à son père. Un restaurant trois étoiles à l'allure théâtrale, où il concocte la carte, surveille la présentation des plats et la tenue vestimentaire de son « équipage ». En cuisine, veste blanche, toque et pantalon noir sont de rigueur.

Très attaché à la transmission de son savoir-faire, ce grand passionné du terroir résume la cuisine française en trois mots : beurre, crème et vin. Et un peu d'huile d'olive de temps en temps... Connu dans le monde entier, Paul Bocuse est considéré par les Lyonnais comme leur ambassadeur.

Traboules des Canuts

Les Traboules du Vieux Lyon témoignent de l'histoire des Canuts.

LE MOMENT DE TRABOULER

Tout un art !

C'est bien plus agréable de trabouler avec une vraie Lyonnaise !

« Trabouler, mot purement lyonnais, signifie marcher dans une traboule, l'une des spécificités architecturales de Lyon. »

Pour savourer Lyon à sa juste mesure, il me semble très important d'alterner les bonnes tables et les balades ! En ce jour de petite pluie, je retrouve Sandrine pour « trabouler » dans le vieux cœur de la ville. Les traboules, sortes de couloirs, traversent les immeubles et permettent ainsi de passer d'une rue à l'autre. Nous sommes sur les traces de Rabelais qui parlait de « l'art de trabouler ». Rue Saint-Jean, nous nous engouffrons dans l'un de ces méandres pour arriver, quatre pâtés de maisons plus loin, dans la rue du Bœuf. Sandrine se plaît à m'ouvrir les portes secrètes du quartier. Les premières traboules remonteraient au IVe siècle. Celles du Vieux Lyon, datant de la Renaissance, sont construites sur le modèle du patio romain. Sans doute l'une des traboules les plus connues mène à la tour Rose, très joli bâtiment dans une cour aux jardins suspendus. Ce belvédère symbolisait le prestige des propriétaires du lieu et leur offrait un beau panorama sur la ville. En revanche, les traboules du quartier de la Croix-Rousse sont plus récentes. Elles sont indissociables de l'histoire des Canuts, les ouvriers de la soie. Outre leur fonction de

raccourcis, elles permettaient aux soyeux de transporter les précieux tissus en toute quiétude, à l'abri des intempéries. Aujourd'hui, il existe environ quatre cents passages dont une bonne partie n'est plus accessible. Si le principe des traboules existe dans d'autres villes de France, elles restent un des fleurons du patrimoine lyonnais, tout comme Guignol…

J'ai vécu un temps sur les pentes de la Croix-Rousse. J'adore y revenir lorsque l'occasion se présente. Le quartier a gardé son caractère populaire et son esprit de village. Ma passion pour les villes d'eau me vient de Lyon. Elle puise son identité au confluent du Rhône et de la Saône, et l'on s'oriente toujours grâce à l'eau. Deux collines sont associées aux deux fleuves : la colline qui prie, la basilique de Fourvière, et celle qui travaille, la Croix-Rousse. Depuis le sommet de l'église, la vue est somptueuse le soir, lorsque tous les monuments sont illuminés. Si Lyon est divisée en arrondissements, les Lyonnais l'entendent différemment des Parisiens. Ici, on habite à la Part-Dieu, dans le Vieux Lyon, à la Croix-Rousse… et non dans le 9e ou dans le 3e arrondissement. Et, grâce à Sandrine, je connais maintenant la signification du nom *Lyon*. D'origine celtique, le mot *dunum* représente « la colline », là où s'est fondée la ville, et le mot *lug* signifie « la lumière ». Le premier nom de Lyon, *Lugdunum*, voulait donc dire « la colline de lumière ». J'ai passé des années ici sans le savoir !

Vie de quartier

À Lyon, on habite dans un quartier, pas un arrondissement : ici, la montée du Change dans le quartier du Vieux Lyon.

Pont Wilson

Le pont Wilson, ou de l'Hôtel-Dieu, suspendu au-dessus du Rhône, est long de 210 m.

Guignol

La compagnie des Zonzons perpétue la tradition des marionnettes en la mettant aussi au goût du jour : Guignol, toujours à la mode !

GUIGNOL

L'INSUBMERSIBLE

Laurent Mourguet, un canut devenu par nécessité arracheur de dents, s'est lancé dans le spectacle de marionnettes de rue pour attirer ou divertir ses clients. Il abandonne la technique des fils de ses figures précieuses pour adopter la gaine, le principe de base de la *commedia dell'arte*. C'est ainsi que Guignol est né en 1808. Avec son visage tout rond, ses fossettes et son grand sourire, le personnage frondeur devient de plus en plus populaire. À travers sa bouche, Mourguet s'attaque à la bourgeoisie et à l'autorité en général. Censuré à maintes reprises, Guignol se fait l'écho de la veuve et de l'orphelin, aux côtés de Gnafron et de Madelon. À l'aide de ses trois cents marionnettes, la compagnie des Zonzons anime aujourd'hui le petit théâtre de Guignol situé dans le Vieux Lyon. Ils ont relevé le défi de moderniser leur spectacle tout en préservant les traditions d'autrefois.

ARABESQUE LUMINEUSE

« Lyon ne cesse de multiplier les efforts pour rénover ses quartiers et se donner un visage rayonnant. »

Vers la fin des années 1980, la politique urbaine trouve une nouvelle orientation. La lumière ne peut plus uniquement répondre à un souci de protection des habitants, mais devient une démarche créative. La ville commence alors une mise en valeur de son patrimoine en éclairant les collines, les ponts et les monuments historiques. Grâce à cette scénographie, sa physionomie se transforme radicalement. Plus tard, l'expérience s'étend aux lieux publics, aux parcs et aux jardins. Pour Jérôme, éclairagiste de la municipalité, cette scénographie devient désormais une métaphore de la nature.

Depuis 1989, le 8 décembre est le jour tant attendu, celui de la fête des Lumières. Les Lyonnais posent de petits lampions allumés sur le bord de leurs fenêtres et descendent dans les rues pour assister aux mises en lumière spectaculaires des monuments de la ville, réalisées par des artistes. La fête, à la fois religieuse et populaire, se prolonge sur quatre ou cinq jours et attire des dizaines de milliers de touristes.

Le rituel des lampions, né il y a plus de 150 ans, est un hommage à la Vierge Marie. Le 8 septembre 1852, une crue de la Saône empêche l'inauguration de sa statue érigée sur la colline de Fourvières. L'évènement est alors reporté au 8 décembre. Une autre version, moins officielle, raconte que, au XVIIe siècle, la Vierge Marie aurait sauvé la ville de Lyon de la peste. Quelle que soit l'origine de cette tradition, le mariage du culte et du festif donne un résultat absolument magnifique.

Le 8 décembre

La rue de la République pendant la fête des Lumières, le 8 décembre.

Magique

De drôles de poissons ! La fontaine de la Place des Jacobins devient magique pendant la fête des Lumières.

Dans sa détermination à occuper une place prépondérante sur le plan culturel, Lyon accueille de nombreux festivals, dont les Assises internationales du roman, réunissant des écrivains, des comédiens et des philosophes autour des tables rondes ouvertes au public, et la Biennale d'art contemporain. Mais la Biennale de la danse est sans doute l'un des moments les plus attendus de l'année. Depuis 27 ans, le plus grand festival de danse au monde invite des compagnies venues de tous les horizons à présenter leurs créations. J'affectionne tout particulièrement la Maison de la danse de Lyon, organisatrice du festival. Sa programmation est, chaque année, exceptionnelle. Cette ville en constante évolution est vraiment devenue une plate-forme d'expression dans tous les domaines artistiques. Et lorsque j'y retourne, je ressens toujours le même coup de cœur !

SOUS LES PROJECTEURS

LYON, BERCEAU DU CINÉMA

Si la danse, l'art contemporain ou la gastronomie tiennent souvent le haut du pavé dans la ville lumière, Lyon est aussi le berceau du cinéma. En effet, c'est ici que le photographe de renom, Antoine Lumière, choisit de s'installer avec ses deux fils, Auguste et Louis. Leur diplôme de physique et chimie en poche, les frères Lumière n'auront de cesse de faire évoluer leurs travaux sur les procédés photographiques. Encouragés par leur père, qui les met sur la voie de l'image animée, ils déposent en 1895 le brevet du cinématographe. Grâce à leur première caméra, les frères lyonnais tournent « La Sortie des usines Lumière », leur premier film, qui sera projeté à Paris quelques mois plus tard. Inauguré en 2002, le musée Lumière relate la formidable épopée de cette invention. Et depuis 2009, chaque mois d'octobre voit défiler le monde du cinéma pour le festival Lumière. Environs 200 projections de films sont organisées dans toute la ville. Lyon cultive encore davantage son lien indélébile avec le 7e art, en créant une multitude de cinémas de plein air pendant tout l'été.

Illuminée

Depuis le sommet de la basilique Notre-Dame-de-Fourvière, la vue sur la ville illuminée est somptueuse.

Habits de lumière

La façade gothique de la cathédrale Saint-Jean, dans le Vieux Lyon, offre un spectacle majestueux dans ses habits de lumière.

LA VIE SUR LES MURS

« Si la gastronomie est une spécialité lyonnaise, les fresques murales en sont une autre, devenue tout aussi importante. »

En trente ans, leur foisonnement a contribué à la réputation internationale de la ville. En y réfléchissant, nos ancêtres les plus lointains couvraient déjà les murs des grottes pour représenter leur vie quotidienne… Les premières peintures murales sont apparues à Lyon dans les années 1970. L'art descend alors dans la rue. C'est une petite révolution. Quelques années plus tard, des immeubles du quartier des États-Unis, alors considéré comme malfamé, deviennent le théâtre d'une immense galerie d'art à ciel ouvert, dont les habitants incarnent les rôles principaux. Le concept de musée urbain venait de naître. Cette partie de la ville, conçue dans les années 1930 par l'architecte Tony Garnier, est aujourd'hui l'une des plus visitées. Depuis, le collectif d'artistes appelé « Cité-Création » n'a de cesse d'agrémenter les façades de superbes scènes, très construites, de la vie des Lyonnais. Compositions truffées de petits détails, elles sont à chaque fois différentes mais toujours aussi belles. Les muralistes endossent leurs habits de médiateurs entre les habitants et leur quartier. Étonnamment, la ville secrète des traboules se met à jour avec les murs peints où l'on raconte des histoires. Comme si la facette Renaissance avait besoin de trouver son pendant.

Les trois plus beaux murs peints se trouvent en bord de Saône. Il suffit d'une heure pour en faire le tour, et il ne faut pas s'en priver ! Le mur des Écrivains figure environ trois cents auteurs lyonnais et des bribes de leurs textes. Le mur de la Cour des loges est, lui, un incroyable échafaudage en trompe-l'œil.

Murs créatifs

Le collectif d'artistes Cité-Création continue sans relâche de transformer les murs de la ville.

Peinture de rue

Dans les années 1970, l'art descend dans les rues et les fresques murales envahissent la ville. Cette initiative a changé la vie des Lyonnais.

Muraliste

Peinture murale dans le quartier de la Croix-Rousse.

Quant à la fresque des Lyonnais, réalisée sur un mur borgne de huit cents mètres carrés, elle montre une trentaine de personnages de Lyon dont, entre autres, Paul Bocuse, l'abbé Pierre, Bernard Pivot, Bertrand Tavernier, ou encore Guignol. C'est sans doute la plus célèbre de toutes. Dans d'autres quartiers de la ville, on peut admirer le mur des Canuts, celui du Cinéma, des Grands Chefs ou encore la fresque de Shanghai, commandée par la ville du même nom. L'art muraliste lyonnais s'exporte désormais un peu partout dans le monde. Les Allemands, confrontés à la problématique de la réhabilitation de ses quartiers depuis la chute du Mur, s'intéressent de très près à l'expérience lyonnaise. Aujourd'hui, les murs peints donnent aussi lieu à des itinéraires touristiques. Entre deux pauses dans un « bouchon », ces balades donnent le nouveau goût de la cité.

LES CANUTS

L'ESPRIT DE RÉVOLTE

Au XIXe siècle, les ouvriers de la soie se comptent par dizaines de milliers sur la Croix-Rousse, « la colline qui travaille ». Dans la société lyonnaise, très hiérarchisée, les soyeux, en haut de la pyramide, fournissent la matière première aux ateliers de tissage.

Les tisserands, plus connus sous le nom de « canuts », sont soit des maîtres ouvriers, soit des compagnons. Les premiers possèdent les machines à tisser, tandis que les seconds sont leurs employés. Ils travaillent 18 heures par jour dans des conditions de vie très précaires. La révolte des Canuts en 1931, la première d'une longue liste de mouvements populaires, s'inscrit dans l'histoire comme l'une des premières révoltes ouvrières. Lyon retentit alors sous le grondement des canons du roi des Français, Louis-Philippe 1er, pendant que les émeutiers scandaient la célèbre phrase « Vivre libre en travaillant ou mourir en combattant ! ». Au cours du XXe siècle, les élevages de vers à soie décimés par la maladie, la mécanisation du tissage, la concurrence de l'Asie, l'apparition du nylon et de la soie artificielle sont autant de facteurs qui ont finalement eu raison de cette profession artisanale qui a fait la réputation de Lyon.

LA CULTURE DU BOUCHON

« Les mères lyonnaises ont donné ses lettres de noblesse à la gastronomie locale. Pendant la deuxième moitié du XIXe siècle, et surtout après la crise de 1929, bon nombre de cuisinières employées dans des maisons bourgeoises perdent leur travail. »

Connu et reconnu

Joseph Viola porte avec une grande fierté sa chemise de Meilleur Ouvrier de France, acquise en 2004.

Elles se mettent derrière les fourneaux de restaurants ou à leur compte et deviennent les mères nourricières des Canuts. Grâce à leur talent conjuguant la grande cuisine bourgeoise et la cuisine populaire, elles se font connaître pour leurs mets à la fois simples et raffinés, mais également pour leur fort caractère… Des restaurants aujourd'hui réputés à Lyon sont les directs héritiers des mères lyonnaises. La Mère Guy était célèbre pour son gratin d'écrevisses, la Mère Léa pour son tablier de sapeur, la Mère Brigousse pour ses quenelles. La Mère Castaing a vécu centenaire. L'une des plus célèbres aux côtés de la Mère Vittet est, sans doute, la Mère Brazier, la première cuisinière à qui le guide Michelin accorde trois étoiles en 1933. Son gâteau de foies de volaille demeure légendaire.

Il reste seulement une quinzaine de bouchons authentifiés, tous situés sur la presqu'île de Lyon, près de la colline de la Croix-Rousse, le quartier des soyeux. Ils commençaient leur activité très tôt le matin. Aussi, vers 9h, un casse-croûte s'imposait. De petits restaurants préparaient le mâchon, une institution à cette époque. Tous se retrouvaient autour de la table sur laquelle défilaient andouillettes, charcuterie, fromage et vin… Monsieur Grison, ardent défenseur de cette tradition, déplore évidemment sa disparition progressive. « Aujourd'hui, les banquiers et les assureurs ont pris le relais. À l'heure du déjeuner… » Sans doute autour d'un mâchon, avec un groupe d'amis, ont-ils défini les critères du label « Authentique Bouchon ». A priori, rien de compliqué : convivialité, vin en pot, plats typiques à base de cochonnailles et d'abats et nappes à carreaux rouge et blanc devraient suffire à estampiller un restaurant. En réalité, leur haute exigence limite drastiquement ceux qui méritent l'appellation.

Ce n'est pas le cas pour le restaurant Chez Daniel et Denise, de Joseph Viola, mon compagnon des Halles. Sa cuisine s'inscrit dans la plus pure tradition lyonnaise. Il répond à tous les critères même si son établissement n'est pas situé dans le Vieux Lyon. À l'heure des repas, la cuisine s'active comme une ruche sous l'œil exigeant de ce Meilleur Ouvrier de France. Ici, tout est fait minute. Il prend néanmoins le temps de me faire goûter son pâté en croûte. Gelée naturelle, ris de veau, foie gras… Un bonheur. Mon échappée gastronomique lyonnaise devait forcément se terminer par cette note gourmande.

Être bouchon

N'est pas bouchon qui veut ! Il faut répondre à des critères précis issus de la plus pure tradition culinaire lyonnaise.

CHEZ DANIEL ET DENISE

LES INCONTOURNABLES

ENTRÉES

- Le gâteau de lapin en gelée, petite salade de saison
- Le pâté en croûte au foie gras et ris de veau
- Omelette du curé aux queues d'écrevisses
- Salade de ris d'agneau poêlés et pommes de terre tièdes
- Tête de veau (origine française) cuite au court-bouillon, sauce ravigote
- Salade gourmande « Danièle et Denise » (salade, queues d'écrevisses, foie gras)

PLATS PRINCIPAUX

- La quenelle lyonnaise au brochet, sauce Nantua
- La cervelle de veau (origine française) poêlée au beurre à la provençale
- Gâteau de foies de volaille à l'ancienne, coulis de tomate financière
- Contre-filet de bœuf Angus poêlé au poivre noir flambé au cognac
- Gras double sauté à la lyonnaise
- Foie de veau (origine française) poêlé à la persillade déglacé au vinaigre
- Le rognon de veau rôti entier en cocotte façon grand-mère

DESSERTS

- Sorbet vigneron, sorbet cassis, crème de cassis, marc dégrappé
- Île flottante aux pralines de St-Genix
- Petit pot de chocolat, madeleines au miel
- Tarte aux pralines

LYON PRATIQUE

Consacrée capitale des Gaules par les Romains, déclarée par l'Église siège du primat des Gaules au XIe siècle, Lugdunum n'a cessé de rayonner au cours des siècles. Cette prospérité explique les nombreuses expansions que la ville a connues et les différents traits de caractère qu'elle révèle aujourd'hui à ses visiteurs. Chaque quartier correspond à une époque. Et le Vieux Lyon médiéval propose des balades aux charmes inédits, avec ses traboules, ses palais et ses larges places. Lyon, c'est aussi la capitale de la gastronomie. Le terroir qui l'entoure donne à sa cuisine des mets d'une rare qualité.

Superficie : 48 km^2
Population : 476 000 habitants

Horaires d'ouverture

Les magasins ouvrent de 10h à 19h avec quelques exceptions, comme le centre commercial de la Part-Dieu et quelques magasins au centre ville. Les restaurants servent en général de 11h à 14h et de 19h à 22h. Certains, situés dans les quartiers les plus touristiques, restent ouverts en continu. Beaucoup d'endroits sont ouverts les jours fériés.

Climat

Lyon bénéficie à la fois des influences continentales et océaniques, et très légèrement méditerranéennes.
Les températures restent relativement clémentes : en hiver, il fait rarement en dessous de 0 °C et, en été, le thermomètre peut atteindre les 35 °C.

Transports

La ville a fait d'énormes efforts ces dernières années pour faciliter le transport des usagers. Avec ses quatre lignes de métro, ses multiples lignes de bus et autres tramways, on passe du Vieux Lyon à la Croix-Rousse en dix minutes, et de la Part-Dieu à Bellecour en quinze minutes. Les Velov sont à disposition gratuitement, dans la limite d'une demi-heure pour un trajet.

Hébergement

Ville de congrès et de festivals, Lyon s'est équipée en conséquence. Toutefois, il est vivement conseillé de réserver très à l'avance. Si les hôtels majorent leurs prix pour l'occasion, ils proposent aussi des tarifs « spécial week-end » tout au long de l'année.

La ville verte

Les Velov sont précurseurs des Velib parisiens. La ville a mis en circulation un bon nombre de bus au gaz naturel. Outre ses parcours dans les arbres destinés aux enfants, Fourvière Aventures, en plein cœur de la ville, propose des expositions sur l'environnement et le développement durable.

Les lieux

La basilique de Fourvière, aux murailles crénelées et dotées de tours octogonales, marie les styles moyenâgeux et byzantin. Du haut des toits de l'édifice, dont la façade est richement sculptée, la vue sur la cité est imprenable. La Maison des Canuts honore l'artisanat de la soie, qui a fait la renommée de la ville. Des démonstrations de tissage sur des métiers à bras aux origines de la soie, la visite permet de tout apprendre sur ce noble textile.

Shopping

La Part Dieu est LE centre commercial de Lyon. Il offre une gamme de restaurants et de bars ouverts tard dans la soirée, des grandes surfaces (ouvertes de 9h30 à 20h) et de nombreuses animations. La place Bellecour est le poumon commercial de la ville. De la rue de la République jusqu'à l'hôtel de ville, une pléthore de boutiques permettent de remplir un panier typiquement lyonnais.

Crédits photographiques

Toutes les images suivantes sont distribuées par l'agence HEMIS (www.hemis.fr) :

LISBONNE p. 6 : Mathieu COLIN/p. 7 : Stefano TORRIONE/p. 8 : Bruno MORANDI/ p. 9 : René MATTES/p. 10 : René MATTES/p. 12 : Pavel WYSOCKI/p. 13 : Bruno MORANDI/p. 14 : René MATTES/p. 15 : Bruno PEROUSSE/p. 17 : René MATTES/p. 18 : Stefano TORRIONE/p. 19 : Stefano TORRIONE/p. 20 : Ludovic MAISANT/p. 21 : Maurizio BORGESE/p. 23 : Jean-Claude AMIEL/p. 24 : Philippe RENAULT. **ROME** p. 28 : Ingolf POMPE/p. 29 : Bruno MORANDI/p. 30 : Thierry BORREDON/p. 31 : Stéphane FRANCES/p. 32 : René MATTES/p. 34 : Robert HARDING/p. 35 : Emilio SUETONE/p. 37 en haut : René MATTES/p. 37 en bas : Jon ARNOLD/p. 38 : Jon ARNOLD/p. 39 en haut : Ingolf POMPE/p. 39 en bas : Anna SERRANO/p. 41 en haut : Anna SERRANO/p. 41 en bas : Ingolf POMPE/p. 42 : Bruno PEROUSSE/ p. 43 : Bertrand GARDEL/p. 44 : Ingolf POMPE/p. 45 : Emilio SUETONE/p. 46 : Imagebroker/p. 47 : Stefano TORRIONE. **MADRID** p. 50 : Jon ARNOLD/ p. 51 : René MATTES/p. 52 : Maurizio BORGESE/p. 53 : Jon ARNOLD/p. 54 : Hervé HUGHES/p. 55 : Hervé HUGHES/p. 56 : Ingolf POMPE/p. 58 : Ingolf POMPE/p. 59 : Ingolf POMPE/p. 61 en haut : Ingolf POMPE/p. 61 en bas : Imagebroker/p. 63 en haut : Thierry BORREDON/p. 63 en bas : Axiom/p. 64 : Ingolf POMPE/p. 66 : Hervé HUGHES/p. 66-67 : Maurizio BORGESE/p. 67 : René MATTES. **LONDRES** p. 70 : Jon ARNOLD/p. 71 : Ludovic MAISANT/p. 72 : Ludovic MAISANT/p. 73 : Jon ARNOLD/p. 74 : Jon ARNOLD/p. 75 : Jon ARNOLD/p. 76 : Ludovic MAISANT/p. 78 en haut, à gauche : Pavel WYSOCKI/p. 78 en haut, à droite : Ludovic MAISANT/p. 79 : Bertrand GARDEL/p. 80 : Jon ARNOLD/p. 81 : Jon ARNOLD/p. 83 en haut, à gauche : José NICOLAS/p. 83 en haut, à droite : Jon ARNOLD/p. 84 : René MATTES/p. 85 : Bruno MORANDI/p. 86 : Jon ARNOLD/p. 87 : Jon ARNOLD/p. 88 : Bertrand RIEGER/p. 89 : Jon ARNOLD. **BERLIN** p. 92 : Maurizio BORGESE/p. 93 : René MATTES/p. 94 : Franck GUIZIOU/p. 95 : John FRUMM/p. 96 : Franck GUIZIOU/p. 97 en haut : Franck GUIZIOU/p. 97 en bas : Imagebroker/p. 99 : Jon ARNOLD/p. 100 : Imagebroker/p. 101 : Imagebroker/p. 102 : Franck GUIZIOU/p. 103 : Imagebroker/p. 104 : Franck GUIZIOU/p. 105 : Gil GUIGLIO/p. 106 : Jon ARNOLD/p. 107 : Imagebroker/p. 108 : Imagebroker/p. 108 en bas : Franck GUIZIOU/p. 109 : Franck GUIZIOU/p. 110 : Peter BRUCE/p. 111 : Maurizio BORGESE. **ISTANBUL** p. 114 : Bertrand GARDEL/p. 115 : René MATTES/p. 116 : Bertrand GARDEL/p. 117 : René MATTES/p. 118 : Hervé LENAIN/p. 119 en haut : Anna SERRANO/p. 119 en bas : Jon ARNOLD/p. 121 en haut : Anna SERRANO/p. 121 en bas : Jean-Baptiste RABOUAN/p. 122 : Paule SEUX/p. 123 au milieu : Bertrand GARDEL/p. 124 en haut : Paule SEUX/p. 124 en bas : Anna SERRANO/p. 126 : Jacques SIERPINSKI/p. 128 en haut : Anna SERRANO/p. 128 en bas : Bertrand GARDEL/p. 129 : Paule SEUX/p. 131 : René MATTES/p. 132 : Anna SERRANO/p. 133 : Jon ARNOLD. **SAINT-PÉTERSBOURG** p. 136 : Jon ARNOLD/ p. 137 : Imagebroker/p. 139 : Jean-Daniel SUDRES/p. 140 : Patrick ESCUDERO/p. 141 : Émile LUIDER/p. 143 : Patrick ESCUDERO/p. 144 : Maurizio BORGESE/p. 145 : Camille MOIRENC/p. 146 en haut : Jean-Daniel SUDRES/p. 146 en bas : Émile LUIDER/p. 147 : Pavel WYSOCKI/p. 148 : Émile LUIDER/p. 149 : Jon ARNOLD/p. 150 : Émile LUIDER/p. 151 : Axiom/p. 152 : Patrick ESCUDERO/p. 153 : Thierry BORREDON/p. 154 : Solvi DOS SANTOS/p. 156 : Jean-Daniel SUDRES/p. 157 : John FRUMM. **ÉDIMBOURG** p. 160 : Jon ARNOLD/p. 161 : Jon ARNOLD/p. 162 : Ingolf POMPE/p. 163 : Hartmut KRINITZ/p. 164 : Bertrand RIEGER/p. 165 : Bertrand RIEGER/p. 166 : Bertrand RIEGER/p. 167 : Bertrand RIEGER/p. 169 : Hartmut KRINITZ/p. 170 : Émile LUIDER/p. 171 : Hartmut KRINITZ/p. 172 en haut : Bertrand RIEGER/p. 172 en bas : Hartmut KRINITZ/p. 173 : Ingolf POMPE/p. 175 : Bertrand RIEGER/p. 176 : Jon ARNOLD/ p. 177 : Hartmut KRINITZ. **STOCKHOLM** p. 180 : John FRUMM/p. 181 : Ludovic MAISANT/p. 182 : Imagebroker/p. 183 en haut : Philippe BODY/p. 183 en bas : Philippe BODY/p. 184 : Philippe BODY/p. 185 : Franck GUIZIOU/p. 186 : Franck GUIZIOU/p. 187 : Franck GUIZIOU/p. 188 : Gil GUIGLIO/p. 189 : Franck GUIZIOU/p. 190 : Franck GUIZIOU/p. 191 : Christophe BOISVIEUX/p. 192 : Franck GUIZIOU/p. 193 : Christophe BOISVIEUX/p. 194 : Franck GUIZIOU/p. 195 : Franck GUIZIOU/p. 197 : Christophe BOISVIEUX/p. 198 : Christophe BOISVIEUX/p. 199 : Franck GUIZIOU/p. 200 en haut : Solvi DOS SANTOS/p. 200 en bas : Franck GUIZIOU/p. 201 : Ludovic MAISANT. **LYON** p. 204 : Camille MOIRENC/p. 205 : Laurent GIRAUDOU/p. 206 : Jean-Daniel SUDRES/p. 207 : Stéphane FRANCES/p. 208 : Laurent GIRAUDOU/p. 210 : Franck GUIZIOU/p. 211 en haut : Pierre JACQUES/p. 211 en bas : Émile LUIDER/p. 212 : Arnaud CHICUREL/p. 213 en haut : Matthieu COLIN/p. 213 en bas : Arnaud CHICUREL/p. 215 : Arnaud CHICUREL/p. 216 : Franck GUIZIOU/p. 217 : Franck GUIZIOU/p. 218 : Franck GUIZIOU/p. 220 : Jean-Daniel SUDRES/p. 221 Jean-Daniel SUDRES.

Toutes les autres images sont des captures d'images extraites de différentes émissions d'*Échappées Belles*, diffusées sur France 5 et produites par Bo Travail !